백색소음

백색소음

박현옥

소소사
sososa

일러두기

책 제목은 『』로, 문학 작품명이나 영화와 노래의 제목은 「」로, 프로그램명은 〈〉로 표기했다.

지금의 '우리'를 이루고 있는 건
이토록 사소하고 자잘한 장면들이다.

차례

Intro

한때 소설이었던 것　　　　　　　　　　　　　　　9

1　소설가이고요, 소설을 씁니다　　　　　　　　17
2　오직, 장면뿐　　　　　　　　　　　　　　　27
3　난…… 샘날 땐 「동주」를 봐　　　　　　　　　39
4　소설은 무엇으로 쓰는가　　　　　　　　　　49
5　웃음과 모욕　　　　　　　　　　　　　　　61
6　박종율　　　　　　　　　　　　　　　　　75
7　사이가 좋군요　　　　　　　　　　　　　　87
8　나는 너무 나라서　　　　　　　　　　　　　99
9　불 꺼진 장례식장에 앉아 소설을 쓴다는 것　　111

Outro

산문의 어려움　　　　　　　　　　　　　　　125

Intro

한때 소설이었던 것

몇 년 전, 앞 동에서 왔다는 누군가가 내 방 창문을 두드린 적이 있었다. 한여름이었고, 새벽 한 시가 넘은 시각이었다. 아마 그때 난 평소와 같이 소설을 쓰고 있었을 것이다. 창문 앞으로 난데없이 중년 남자의 얼굴이 슥 떠올라 무척 놀랐던 것으로 기억한다. 남자는 나와 방충망을 사이에 두고 복도에 선 채, 형광등을 꺼줄 수 있겠느냐고 부탁했다. 거실에서 잠을 자려는데 내 방 불빛이 자기 집까지 닿아 도무지 잠들 수 없다는 것이었다.

"신경 쓰지 않으려 해도 도저히 안 돼서 직접 왔습니다, 부탁 좀 드릴게요."

아내와 함께 불빛의 진원지를 한참 동안 찾았다고, 아무리 따져 봐도 여기가 맞는 것 같으니 부디 양해해달라는 남자의 말에 나는 말없이 창문을 닫았다. 드르륵, 탁. 당시엔 난데없는 상황에 놀란 마음이 더 컸으나 이후엔 불쾌감을 동반한 호기심이 동했다. 고작 이 불빛 때문에 앞 동 사람이 잠을 못 잔다는 게 말이 되나? 깜짝 놀랐네. 이상한 사람 아니야? 〈궁금한 이야기 Y〉에 제보해볼까. 아무리 생각해봐도 기이하고 황당했다. 그날 이후로도 나는 거의 매일같이 늦은 시간까지 방 불을 켜두었지만 남자가 나를 다시금 찾아온 적은 없었다.

나는 주변 사람들에게 종종 이 이야기를 들려주곤 하는데(심지어는 조기축구를 마치고 집으로 돌아가는 차 안에서 윙포워드 동료에게 말한 적도 있었다), 특히 소설을 어떻게 쓰느냐는 질문을 받을 때면 으레 예시로 꺼낸다. 그 뒤에 이어지는 말은 대개 이런 것들이다. 나는 이 일을 소설로 써보려는 시도를 여러 번 했으나 어쩌선지 번번이 실패하고 말았다고, 그건 내가 소설 전체를 아우르는 이상하고 특별한 사건으로 이 일을 재구성하려 들기 때문인데, 정작 소설 분량의 대부분을 차지하는 건 그것과 아무런 관련이 없는 지극히 평범한 이야기이며, 그게 바로 소설 쓰기를 어렵게 만드는 요인이라고. 그렇더라도 내 이야기를 듣는 사람의 열에 아홉은 내 방 창문을 두드린 남자에 대해 무척 흥미로워한다. 그러면 나는 참지 못하고 또 몇 마디를 덧붙이고 만다.

"지금 당신이 제 이야기를 흥미롭게 들은 것 역시 우리가 대화를 나누고 있는 적당하고 평범한 상황에 기인하는 겁니다."

거기까지 떠들고 나면 또 나댔다는 생각에 이내 부끄러운 기분이 되고 만다. 그게 뭐 대단한 얘기라고. 하여튼, 말을 줄이고 글을 많이 써야 하는데, 작가라는 놈이 입만 살아가지고……

잘 알지도 못하는 소설 작법에 대해 말하려던 건 아니고, 나는 다만 소설 쓰기에 있어 가장 필요한 재능은 평범한 일상을 상상하고 재구성해내는 능력이라는 말을 하고 싶었을 뿐이다. 주제로 쓸 법한 그럴싸한 이야기는 누구나 하나쯤 떠올릴 수 있겠지만 밥을 먹고, 커피를 마시고, 광어회를 안주로 놓고 소주를 마시는 장면을 만들어내는 일은, 그걸 또 유의미한 분량으로 써내는 일이란 여간 어려운 게 아니라고. 어쩌면 그건 오래전에 돌아가신 외할머니의 목소리를 떠올리는 일과도 일견 비슷하지 않나. 그러니까, 잘 안다고 생각했으나 막상 기억해내려면 번번이 실패하고 마는 것처럼.

그런 의미로 나는 술자리에서 먹고사는 이야기를 무척 재미있게 들려주는 사람이 부럽고, 또 그런 사람들이야말로 진정 소설가의 재능을 타고났다고 생각하는 편이다. 내가 그러질 못해 부럽고 한편으론 질투도 느낀다. 그나마 다행인 건 내 주위의 수준급 스토리텔러들은 먹고사느라 바빠 소설 같은 건 쓰지 않는다는 사실이다. 그들은 그저 술자리에 나를 불러내 자기 얘기를 들려줄 따름이다. 그러면 나는 기꺼운 마음으로 자리에 나가 그들의 평범하지만 나름대로 재밌는 이야기를 경청하고 온다. 집에 돌아오면 술기운을 빌려 몇 줄 적어보기도 하는데, 글을 써본 적 있는 사람이라면 누구나 알겠지만 술에 취해 쓴 것들은 아무 쓸모가 없다. 그것들은 영영 소설이 될 일 없이 노트북 아주 깊숙한 곳에 파묻혀 있다.

비슷한 이유로 나는 아파트 게시판에 붙은 유

인물을 읽는 것도 좋아한다. 물탱크 청소를 언제 하는지, 난방 공급이 언제 중단되는지 제때 알 수 있어서이기도 하지만 그보다도 동네에서 일어나는 잡다하고 시시콜콜한 일들을 궁금해하는 마음이 더 크다. 이번 입주자 대표회의에서 눈여겨볼 안건은 뭔지, 동 대표 출마자의 약력은 뭔지, 단지 후문 쪽에 있는 오래된 테니스장은 왜 폐쇄한 건지, 산책로 옆에 있는 시멘트 공장 사일로는 언제 철거되며, 경비 용역업체 재계약은 어떻게 되어 가는지…… 그런 대단치 않은 것들을 잘 엮어보면 그럭저럭 읽을 만한 이야기가 한 편쯤 완성되지 않을까 기대하면서.

그러나 나는 게시판을 통해 알아낸 정보를 일상생활 쪽으로만 유용하게 써먹는 편이다. 경비실에서 나눠주는 계량기함 동파 방지 커버를 얼른 붙여 때 이른 한파를 대비하고, 수목 소독이 있는 날엔 미리 베란다 창문을 꼭 닫고 외출한다. 단수가 예정된 날엔 평소보다 일찍 일어나 샤워를 마치고 마실 물도 미리 받아 냉장고에 넣어둔다. 내 생활은 이런 식으로 잡스럽게 풍요로워지는데 오직 내가 쓰는 소설만 여전히 빈곤한 채로 남겨져 있다. 여전히 '소설적인' 것에만 머물러 있다.

한마디로 나는 이런 사람인 것이다. 글을 쓰러 카페에 가면 듣고 있던 노래를 멈추고 슬그머니 남의 이야기를 엿듣는 사람, 비가 그친 날 천변을 산책하다 말고 산책로로 기어 나온 참게 떼를 한참 동안 구경하는 사람, 택시를 타면 택시 기사가 말을 붙여 오길 기대하는 사람, 내 방 창문을 두드렸던 앞 동 남자가 다시 찾아오기를 막연히 기다리는 사람, 그러나 그런 것들을 좀처럼 소설로 쓰지 못해 괴로워하는 사람…… 이 모든 것들이 나에 대한 설명이 될 수 있다. 보고 듣고 기억하는 사람. 어쩌면 내 등단작 제목이 「듣는 사람」이 된 건 단순한 우연이 아닐지도 모른다.

그러니까
언젠가 이런 것들에 대해 적어보고 싶었다.
한때 소설이라고 믿었으나 (아직) 그렇지 못한 것들.

1
소설가이고요, 소설을 씁니다

사실 소설가라는 것도 한낱 직업에 불과할 뿐인데 나를 소설가로 소개하는 일이 왜 그렇게 부끄러운지 모르겠다. 괜히 젠체하는 것 같다고 해야 하나. 재수 없어 보이는 건 아닌지 걱정도 된다. 그러나 그 찰나의 민망함만 견딜 수 있다면 나를 설명하기란 무척 수월해진다. 소설가의 좋은 점 중 하나는 내가 이렇다 부연하지 않아도 사람들이 각자의 고정관념을 동원해 나를 이해해준다는 것이다. 또 많은 사람들은 소설가에 퍽 관대하다. 이를테면 수중에 돈이 많지 않아도, 마감을 핑계로 약속을 갑자기 미뤄도, 어깨를 움직일 때마다 관절에서 요란한 소리가 나도 소설을 쓰느라 그러겠거니 이해해준다는 것이다. 얼마 전엔 모처럼 조기축구에 나갔는데, 원고 작업을 하느라 운동을 통 못했더니 십 분 남짓 뛰자마자 숨이 턱 끝까지 차올랐다. 상대 윙어와의 1대1 경합에서 너무나도 무력하게 젖혀지고 패스미스도 많이 범했다. 그런데도 누구 하나 내게 화내는 사람이 없었다. 현옥 형, 오버래핑하지 말고 조금만 더 아래로 내려와서 수비해요. 고작 그 정도로 말해줄 뿐이었다.

□

회사원들이 술자리에서 자기 회사를 욕하는 게 괜히 부러울 때가 있다. 마음껏 욕하고 증오해도 매달 급여가 나온다는 점이 특히 부럽다. 우리 회사 진짜 좆같다, 내 사수? 그 새끼 완전 미친놈이야, 빨리 이직을 하든가 해야지…… 야, 됐어, 오늘은 내가 산다, 형 월급 들어왔다. 안타깝게도 소설가에겐 화풀이할 대상도 마땅치 않다. 어쨌거나 소설은 혼자 쓰는 것이고, 마음먹은 대로 소설이 써지지 않는 것 역시 구조적 요인보다는 소설가 개인의 문제에서 비롯하는 경우가 대부분이기 때문이다. 뭐, 출판사를 욕하기엔 내가 너무 아쉬운 게 많고, 그렇다고 같이 고생하는 동료 작가나 편집자를 흉볼 수도 없는 노릇이다. 결국 만만한 게 소설가 자신이고 자기가 쓴 소설이다. 그마저도 나는 아직 발표한 소설이 많지 않다 보니 욕할 대상도 별로 없다. 한 줌뿐인 소설을 욕해봐야 순전히 내 손해다. 언젠가 여자친구(이하 'P')의 친구들을 만나는 자리에서 겸손을 떤답시고 "에이, 제 소설은 안 읽어도 돼요, 그리고 소설이야 뭐, 아무나 쓸 수 있는 거니까"라고 말했다가 P에게 한바탕 혼이 났다. 그런 건 겸손이 아니다, 소설가가 되기를 얼마나 바랐으면서 지금 그런 말을 하느냐, 너를 아끼고 네 소설을 좋아해주는 사람들에게도 실례라는 말에 나는 말없이 고개를 끄덕였다. 곱씹어볼 필요도 없이 구구절절 맞는 말이었다. 한편으로는 나보다도 더 내 등단에 기뻐했던 P에게도 미안해졌다.

당연한 말처럼 들리겠지만 그럼에도 나는 소설 쓰는 걸 무척 좋아하고, 평생 소설만 쓰면서 살았으면 정말 좋겠네, 정말 좋겠네, 노래한다. 또 내가 아는 거의 모든 동료 소설가들 역시 아무리 못해도 나만큼은 소설 쓰기를 좋아한다. 물론 소설가들끼리 삼삼오오 모여 맥주를 마실 때마다 '내가 무슨 부귀영화를 누리자고 이 짓을 하나' 푸념하곤 하지만, 사실 그건 소설을 향한 지독한 짝사랑의 발로에 가깝다. 안타깝게도 소설은 내가 좋아하는 것만큼 내게 다가와주지 않는다. 당연하다. 언제나 더 좋아하는 쪽이 지는 법이니까. 그러니까, 내가 P에게 번번이 지듯이.

지난해 가을엔 우연한 기회로 한국문화예술위원회(ARKO)에서 진행하는 〈문장의 소리〉 팟캐스트에 출연했다. '소설을 쓰며 가장 즐거운 순간은?'이란 DJ의 질문에 한 치의 망설임 없이 '소설을 쓰지 않을 때'라고 대답했다. 절반쯤은 웃겨보려는 의도였지만, 실제로도 나는 한 소설을 끝마치고 다음 소설을 시작하기 전까지의 텅 빈 시간을 좋아한다. 어렴풋한 무언가를 머릿속으로 상상하고 구상하고, 그때만큼은 내가 뭔가 대단한 소설을 써낼 수 있으리라는 자신감으로 충만해진다. 나만 그런가 싶어 동료 작가들에게 물어본 적도 있었다. 소설을 완성했을 때의 후련함과 소설을 구상할 때의 설렘 중 무엇을 더 좋아하느냐는 물음에 나를 제외한 모두가 전자를 골라 무척 놀랐다.

"당연한 거 아니야? 어쨌든 소설 한 편이 생긴 거잖아."

그렇구나, 그런가 보네, 나는 마지못해 수긍하며 소주를 마셨다. 이 소설밖에 모르는 지독한 사람들 같으니.

□

소설 쓰는 걸 좋아하고, 또 내가 소설가라 참 좋고, 그런 고백이 무색해질 만큼 소설이 잘 안 써져서 괴로워하던 요즘이었다. 아아, 이런 게 소포모어 징크스라는 건가.

올 2월에 발표한 「山北」이란 소설을 쓸 때엔 유독 힘들었다. 청탁을 받을 때만 해도 단편 하나쯤 금방 쓰겠지, 라는 마음으로 가장 빨리 발표할 수 있는 시기를 골랐었다. 마감을 앞두고 어찌저찌 초고는 썼으나 마음먹은 대로 퇴고가 되지 않아 여러 날 고통받았다. 노트북 앞에 앉아 정말로 한 글자도 더하거나 빼지 못한 채 며칠씩 밤을 새운 적도 있었다. 무의미한 말을 썼다가 지웠다가, 맨 뒤를 맨 앞으로 끌어왔다가 다시 돌려놓고, 뭘 어떻게 고쳐 봐도 말이 안 되는 것 같아 다시 초고로 돌아가기 일쑤였다. 대체 뭐가 문제지? 왜 이렇게 안 써지지? 고민해봤자 답은 없었다. P도 그 정도로 힘겹게 소설 쓰는 나를 처음 봤기에 걱정을 많이 했다. 이러다 정말 하룻밤에 백발이 되겠다고, 단 몇 시간이라도 눈을 붙이고 나서 다시 해보라고 거듭 당부했다. 가요 특설무대나 연예대상, 연기대상, 제야의 종소리, 심지어 아시안 컵까지…… 마감이 연말연시에 걸쳐 있어 볼거리가 많았는데 무엇 하나 마음 놓고 즐기지 못했다. 결국 편집자에게 사정해 마감을 두 번이나 늦추고 나서야 겨우 소설을 완성할 수 있었다. 당장 너무 잘하려 하지 말고 읽히게끔 쓰는 데에 집중하라는 선배 작가의 조언과, 그러지 말고 지금부터 딱 세 시간만 자보는 게 어떻겠냐는 P의 말이 없었더라면 불가능했을 것이다. 「山北」은 여러모로 아쉽고, 공백도 많이 느껴지는 소설이지만 그래도 내게는 무척 각별하다.

「山北」을 쓰던 때를 다시금 곱씹어보면 정작 소설을 쓴 시간보다 쓰지 못한 채, 쓰기 위해 발버둥친 시간이 훨씬 길지 않았나 싶다. 소설이 써지지 않을 때 도움이 될 만한 방법들을 동료의 말이나 책을 통해 많이 접했는데 하나도 제대로 써먹지 못했다. 밖에 나가 하염없이 걷고, 낮잠을 자고, 냉장고를 정리하고, 찬장에 든 식기와 컵을 모조리 꺼내 재배치하는 소설가도 있다고 들었는데. 청소보다는 운동이나 잠을 자는 쪽으로 적용해보면 어땠을까. 그러나 멈춰 있는 소설을 완성시켜 주는 건 깨끗해진 냉장고와 찬장이 아니다. 오래 걸어 튼튼해진 다리도 아니다. 어쨌거나 소설은 소설가가 손가락을 움직여서 끝까지 써내야만 비로소 끝나는 것이다. 도저히 쓰지 않을 수 없어 마침내 쓰게 되는 그 순간까지 신체와 정신을 보전하기 위해선 무식하게 앉아있는 것 이외의 활동이 필요하고, 그래서 그 많은 소설가들이 걷고, 뛰고, 자고, 닦는 게 아닐까. 그런 의미에서 지난 연말의 나는 엄청나게 무식했다는 사실을 인정해야겠다.

□

　얼마 전부터 성당에 나가기 시작했다. 내가 벌써 1년 넘게 몸담고 있는 조기축구 팀은 중계동에 있는 성당 청년부 소속인데, 나는 그 팀의 몇 안 되는 비(非)신자이자 불자였다. 오랜 기간 숙고한 끝에 6월부터 시작하는 예비 신자 교육을 받게 됐다. 그렇다고 축구 때문에 세례를 결심했다는 건 아니고, 모태

신앙인 P와 같은 믿음을 공유하고 싶다는 마음이 컸다(물론 어느 성당으로 다닐지 정하는 데엔 축구가 결정적으로 작용했다). 매주 일요일 아침마다 한 시간씩 교리를 교육받고서 교중미사에 들렀다 집으로 돌아온다. 두 번째 교리 교육 날, 봉사자 선생님의 주도로 자기소개 시간을 가졌다. 이름, 나이, 성당에 나오게 된 이유를 돌아가며 말했다. '실례지만 무슨 일을 하세요?'라고 누가 물어본다면 뭐라고 대답할까, 회사원이라고 할까 소설가라고 할까, 소설이라는 말이 너무 간지러울 것 같으면 그냥 글을 쓴다고 할까, 차례를 기다리며 혼자서 이리저리 고민했는데 정작 내 직업에 대해 아무도 묻거나 궁금해하지 않았다. 그게 내심 아쉬웠다고 하면 너무 찌질한가.

뭐, 소설가가 다 그렇지.

2

오직, 장면뿐

지난 연말, 노량진에서 송년회를 마친 뒤 택시를 잡아타고 집으로 돌아오던 중, 기사님이 대뜸 요즘 볼 만한 공연을 추천해달라며 말을 붙여왔다.

"제가 이래 보여도 사실 클래식을 좋아합니다."

내심 귀찮은 마음도 들었으나 술기운과 히터 바람 때문에 자꾸 졸음이 밀려와서, 잠도 깰 겸 적당히 대꾸하기로 마음먹었다. 마침 성탄전야에 P와 함께 본 호두까기인형 공연이 생각나 발레는 어떠시냐 말씀드렸다. 이후로는 기사님이 클래식을 듣게 된 계기라든가, 요즘 즐겨 듣는 음악에 대한 이야기를 두

서없이 나눴다. 주로 기사님이 말하고 나는 예, 그러시구나, 추임새를 넣었다. 동부간선도로에 진입하면 P에게서 전화가 걸려온 척을 해야겠노라 마음먹기도 했다.

"그런데요 손님."

"네."

"제가 예전에 어떤 아주머니를 태웠거든요. 그런데 그분이 글쎄 '기사님, 얼마 전에 저희 남편이 죽었거든요'라고 하는 거 아니겠어요?"

사연인즉슨 기사님이 라디오로 클래식 채널을 틀어두었는데 그걸 들은 아주머니가 생전에 클래식 음악을 즐겨 듣던 남편을 떠올렸다는 것이었다. 무언가가 뇌리를 강하게 스치고 지나가는 기분이었다.

이거다.

나는 곧장 주머니에서 휴대폰을 꺼내 기사님의 이야기를 메모했다. 행여나 잊어버릴까 낱낱이 적은 뒤에 기사님에게 조심스레 내 직업을 밝혔다. 사실은 제가 소설을 쓰거든요, 하고.

"방금 들려주신 이야기가 너무 소설 같아서요, 말씀드리지 않을 수가 없겠더라고요……."

하나 더. 올봄엔 충남의 어느 지역 문화 행사에 참석할 일이 있었는데, 그곳에서 나이 든 스님 한 분과 소설가의 마음가짐에 대한 짧은 대화를 나누기도 했다. 경남의 한 사찰에 적을 두고 정처 없이 유랑 중이라던 스님은 모름지기 소설가라면 넓은 마음으로 자연 곳곳을 굽어볼 줄 알아야 한다고 내게 조언했다. 우리가 앉은 자리 뒤로 풀과 나무가 잔뜩 우거져 있었고, 바람이 불자 가지가 흔들리며 시원한 소리를 냈다. 복잡했던 머리가 깨끗이 씻기는 기분이었다. 작가답게 세속적인 마음을 경계하고 항상 무언가의 본질을 추구하며 정진하라는 말씀 뒤엔 물질주의로 점철된 근래 한국 불교에 대한 날선 비판이 이어졌다. 성철 스님이 입적한 이래 한국에 더 이상 '큰스님'은 없다며 안타까워하는 모습엔 나도 얼마간 숙연해질 정도였다.

"작가 선생, 한국 불교가 왜 이 꼴이 됐는지 아십니까?"

"아니요."

"그게 다 전라도 출신 승려들 때문입니다."

"아, 네……."

네? 뭐라고요?

이후로는 어째 이야기가 점점 이상한 쪽으로 흘렀다. 대부분은 여기에 차마 옮기기 송구스러우리만치 원색적인 지역감정에 기반한 혐오 발언이었다. 한참 동안 열변을 토한 뒤 검은색 벤츠 세단을 타고 홀연히 사라지는 스님의 뒷모습…… 조금도 더하거나 뺄 것이 없이 완벽한 한 편의 콩트 같았다. 점이 되어 사라지는 벤츠를 바라보며 나는 이렇게 읊조릴 수밖에 없었다.

"이거…… 완전히 장면이네……."

□

통상적으로 한 편의 단편소설을 쓰기 위해 필요한 장면(Scene)의 수는 7-10개 남짓이며, 이때 장면을 구성하는 방식은 소설의 방법론과 다르지 않다. 이른바 구성의 3요소, 즉 인물·사건·배경을 활용하는 것이다. 여기서 쓰는 사람을 가장 머리 아프게 만드는 건 '배경'과 '사건'이다. 나름대로 독특하면서 의미 있는 장면을 쓰고 싶은데, 막상 글을 쓰다 보면 생각처럼 잘 되지 않는다. 빈곤한 상상력 탓인지 인물들이 자꾸 카페나 길거리만 전전하게 된다. 거기서 뭔가 사건을 만들어봤자 느닷없이 전화를 받거나(뭐라고? 다시 말해봐), 담배를 피우고, 소식이 끊겼던 동창을 우연히 마주치는 정도다. 그래서인가, 다른 작가들의 소설을 읽다가 비슷한 고민의 흔적을 발견할 때마다 나는 묘한 동질감과 안도감을 느낀다. 이 작가는 아주 줄담배를 피우게 하네, 아무리 그래도 유치원 동창은 좀 너무한 거 아냐? 마감하느라 어지간히 애먹었나 보네.

좋은 장면이 반드시 좋은 소설이 되는 건 아니지만, 좋은 소설엔 어김없이 좋은 장면이 있다. 소설가에게 있어 다양한 경험은 더 좋은 장면을 찾아내기 위한 여정이라고도 할 수 있겠다. 소설을 배웠거나 써본 적 없는 사람들이 내게 '소설가라면 OOO도 해봐야 한다' 식의 조언을 하는 건, 그들도 좋은 장면엔 핍진한 현장감이 수반된다는 사실을 본능적으로 알고 있기 때문일 것이다. 소설가라면 술도 마실 줄 알아야 한다, 소설가라면 몸 쓰는 일도 해봐야 한다, 소설가라면 눈물 젖은 빵도 먹어봐야 한다…… 언젠가 불교에 조예가 깊은 작은할아버지로부터는 소설가라면 금강경을 반드시 읽어봐야 한다는 말도 들었다.

부처님 말씀에 소설과 인간 심리의 모든 진리가 담겨 있다는 말씀에 나는 쉬이 전화기를 내려놓을 수 없었다. 네, 맞아요 할아버지, 금강경 꼭 읽을게요. 그나저나 부산 날씨는 어때요? 편찮은 데는 없으시죠? 읽을게요, 읽는다니까요? 때마침 내 방 책장엔 어머니가 보내준 금강경 필사책 한 권이 꽂혀 있었다. 독실한 불자인 어머니는 강원도 오대산 적멸보궁(寂滅寶宮: 부처님의 진신사리를 봉안한 불교 건축물)에 아들의 '소설 성취' 기도를 매달 발원하는 걸로 모자라 심신의 수양을 위해 불경을 비롯한 불교 용품을 내게 보내주기도 한다. 그러나 두 분 모두에게 죄송한 말씀이지만, 나는 아직 금강경을 펼쳐보지도 못했다. 곧, 머잖아 읽을 예정이다.

비록 그것이 아주 좋은 장면이라 하더라도 현실에서 채집한 이야기를 소설에 반영하는 작업에는 다양한 어려움이 존재한다. 인용의 과정에서 발생하는 여타의 윤리적인 문제는 논외로 하더라도 일종의 TPO(Time, Place, Occasion)라고 해야 하나, 내가 찾아낸 장면이 지금 내가 쓰고 있는 소설과 딱 맞아떨어지지 않는 경우가 대부분이라는 점에서 그렇다. 필요한 순간에 필요한 장면을 맞닥뜨릴 가능성은 0에 수렴하기 때문에, 좋은 장면을 떠올리거나 목격하면 잘 기억하고 눈에 띄는 곳에 잘 적어두는 것이 필요하다. 뭐, 아주 가끔씩 필요한 장면이 때마침 운명처럼 나타날 때가 있다. 만약 이 땅의 소설가들을 아우르는 '소설의 신'이 존재한다면, 바로 그런 순간에 현현하는 게 아닐까.

그리고 내게도 몇 번 그런 순간이 있었다.

내 등단작인 「듣는 사람」에는 문래동의 작은 카페에서 P가 내게 했던 말이 한 줄 들어가 있다. 공모전 마감을 고작 닷새 앞둔 시점에 전반부의 40매가량을 새로이 써야만 하는 상황이었다. 3월 말이었으나 해가 지고 나면 아직 겨울만큼 쌀쌀했고, 카페 안은 히터를 틀어놓아 무척 덥고 건조했다. 카페 사장이 잠시 문을 열어 환기를 하는 동안 P는 건물 밖에 있는 화장실에 다녀왔다. 자리로 돌아오면서 P가 문을 닫았기에 내가 다시 가서 열었다.

"왜 다시 열어?" P가 내게 물었다.

"아, 사장님이 아까 환기한다고 열어둔 것 같더라고."

"나는 추워서 닫은 건데?"

그렇게 말하는 P의 코끝이 빨갰다. 나는 얼른 다시 일어나 문을 닫고 왔다. 문득 P에게 미안한 마음이 들었다. 남의 의중을 신경 쓰느라 정작 그녀를 살피지 못했다는 게. 이후 카페를 나와 바로 옆의 해산물 포차에서 제철 주꾸미를 데쳐 먹는 동안에도 나는 P가 한 말을 내내 생각했다. 추워서 닫았다는 말 한마디가 왜 이렇게 마음에 남을까. 너무 오래 데쳐 질겨진 주꾸미 다리처럼 왜 아무리 곱씹어도 사라지지 않을까……

그날 집으로 돌아오자마자 나는 P가 했던 말로 한 장면을 만들어낼 수 있었다. 죽은 아내를 생전에 더 편들어주지 못한 화자의 미안함이 드러나는 장면이었다. 뉘앙스와 디테일은 소설의 맥락에 맞게 바꿔야 했으나 결과적으로 P의 말은 무척 적확하고 절묘하게 담겼다. 그 장면 덕분에 이후의 연속적인 장면들도 비교적 빠른 시일 내에 순조롭게 만들 수 있었고, 마감일이 되어 우체국에 가서 원고를 부칠 땐 평소와 아주 약간은 다른 마음이 됐던 것 같다. 그러니까, 이번에는 기대해도 좋지 않을까 하는 마음 같은 것.

여전히 P는 당시엔 전혀 따져 물으려는 의도가 아니었는데 내가 소설 속에서 시비를 거는 말로 변질시켰다며 하소연하지만, 그러는 한편 지인들에게 내 소설에 인용된 자신의 대사를 맞혀보라며 문제를 내곤 한다. 그녀는 자신의 대사를 단번에 짚어내는 몇 안 되는 사람들에게 각별한 애정을 느끼고, 그러면 나는 그들에게 「듣는 사람」을 쓰던 때의 이야기를 들려준다. 그러면서 지금 이 순간이 새로운 장면의 씨앗이 되기를 바라기도 한다.

* 만화가 천계영의 1996년 作 『언플러그드 보이』 속 대사를 변주해 인용.

3
난…… 샘날 땐 「동주」를 봐*

나는 은근히 시기·질투가 많은 편이라서 습작기에는 작가들이 많이 출몰한다는 이유로 합정동에 가기를 꺼린 적도 있었다. 우연히 들어간 카페에서 작업 중인 소설가를 만나기라도 한다면 금세 그런 감정들에 휩쓸릴 것 같았으니까. 괜한 자존심 탓에 싸인을 해달라고, 나도 소설을 쓰는데 따뜻한 응원의 한마디를 적어달라는 말은 꺼내지도 못한 채 도망치듯 카페를 빠져나갔을 게 분명하다(대체 왜?). 지금도 합정동에는 잘 가지 않는 편이지만 그건 다른 이유가 있어서가 아니라 단순히 집에서 멀기 때문이다. 조금만 가까웠더라도 틈나는 대로 아무 데나 들어가

종일 죽치고 앉아있었을 텐데. 누군가가 나를 알아봐주길 기대하며(대체 누가?) 동료 소설가에게 대뜸 전화를 걸어 큰 소리로 안부를 묻지는 않았을지. 요즘은 누가 원고 청탁을 받았다는 소식을 전해오면 그게 그렇게 부러울 수가 없다. 샘나는 마음을 애써 내리누르고 축하와 격려를 건넨 뒤엔 혹 펑크를 내야 하는 상황이 온다면 내게 꼭 알려달라는 말을 덧붙이곤 했는데…… 이렇게 쓰고 보니 참 구질구질하다.

시기와 질투를 창작의 동력으로 삼을 수만 있다면 그 나름대로는 선순환이라고도 하겠으나 어쩐지 나는 그저 충실히 샘내기만 한 터라 실속도 없고 마음은 마음대로 상했다. 또 그런 마음은 필연적으로 진한 열패감을 동반하는 법이라 누군가를 심하게 부러워할수록 끝내 나와 내 소설만 초라하게 느껴질 뿐이었다. 누군가의 성공이 곧 나의 실패를 의미하는 것도 아닐 텐데 왜 나는 자꾸만 남을 통해 나를 증명하려 했는지. 당선 소감에 다소 비장한 어조로 '좋은 사람이 되자'*라고 적었던 게 무색해지고 마는 순간이 요즘도 종종 있다. 그나마 다행인 점은 내가 누군

---

* 「여름이 오고 있습니다」, 『현대문학』 2022년 6월호, 198쪽

가를 시기하더라도 소심하게 하는 편이라 그 사람을 음해하거나 곤경에 빠뜨리지는 않는다는 것이다. 사실, 그런 걸 다행이라고 말하는 것도 웃긴 일이다.

□

내 질투의 역사는 나름대로 유구한데 당장 떠오르는 건 스무 살, 대학교 1학년 때다. 지금도 그럴 테지만 당시 신입생은 의무적으로 '사고와 표현'이라는 글쓰기 과목을 들어야 했다. 그때는 미처 알지 못했으나 우리 반을 담당한 강사는 등단한 지 얼마 되지 않은 문학평론가였다. 그 수업에서 나는 처음으로 동시대의 한국문학을 접했다. 조별 과제로 김영하의 소설 「사진관 살인사건」과 이장욱의 시 「정오의 희망곡」을 분석해서 발표한 적도 있었다. 조원들과 중앙광장 잔디밭에 앉아 치킨을 뜯으며 밤새도록 시를 읽었던 날이 기억난다. 한번은 '사랑'을 주제로 A4 한 장 내외의 짧은 소설을 써오라는 과제를 받았다. 오래 만난 연인이 헤어지는 상황으로 시점을 이리저리 바꿔보며 나름대로 열심히 써갔으나 딱히 주목을 얻진 못했다.

그날 그 수업의 주인공은 내가 아니라 동기인

K였다.

"K 학생은 글을 조금만 다듬으면 곧 등단도 할 수 있겠는데요?"

진심으로 감탄했다는 표정의 강사는 급기야 K를 일으켜 세워 본인의 소설을 낭독하게 시켰다. K는 마치 예견이라도 했다는 듯 당황스러워하는 기색 없이 담담하게 자신의 글을 읽어 내려갔다. 그날 K가 읽은 글의 내용은 다소 짧은 분량임에도 전혀 기억나지 않는다. 다만 내가 K를, 또 그가 들은 '등단'이라는 단어를 무척 부러워했다는 사실만큼은 뇌리에 분명하게 남아있다. 그때까지 소설가가 되겠다고 생각조차 해본 적 없었는데도 이상하리만치 샘이 났다. 훗날 소설을 쓰다가 벽에 가로막힌 기분을 느낄 때면 으레 K를 떠올렸다. 인정하고 싶지 않았지만 나는 여전히 K를 부러워하고 있었다. 그가 졸업 후 문학과는 아무런 관련 없는 회사에서 일한다는 사실을 앎에도 그랬다. 내가 그토록 갈망하는 것이 네게는 아무런 의미도 없다는 건가 싶어 괜히 더 얄밉기도 했는데…… 이런 말을 K에게 할 순 없겠지. K와 연락을 따로 주고받는 건 아니지만, 우리는 나름대로 가까운 사이였고 그 사실은 앞으로도 변하지 않을 것이다.

투고와 낙방을 거듭하며 소설을 습작하던 때엔 시기심도 정점에 이르렀다. 그때는 K뿐만 아니라 치열한 경쟁을 뚫고 당선의 영광을 누리는 모든 사람이 시기의 대상이 됐다. 당선작과 심사평이 실린 문예지가 배본되는 날이면 광화문 교보문고로 달려가 매대 앞에 선 채로 잡지를 읽으며 시기심을 한껏 끌어올렸다. 집으로 돌아오는 길엔 당선자의 나이가 어떻게 되고, 어느 학교에서 누구를 사사했는지 등등 약력과 소감에 적힌 정보를 하나하나 톺아보며 나와 견주기도 했다. 그가 나보다 나이가 많고 대학에서 문학을 전공하지 않았다고 해서 내 기분이 나아지는 것도 아닌데 그런 미련한 생각을 멈추지 못했다. 집에 와 잠옷으로 갈아입고 찬물로 세수하고 난 뒤에도 여전히 마음이 어지러울 때는 이준익 감독의 영화 「동주」를 봤다. 특히 영화 초반에 윤동주(강하늘 扮)가 신춘문예에 당선된 송몽규(박정민 扮)를 복잡미묘한 표정으로 쳐다보는 장면을 여러 번 돌려보곤 했다. 너무나 간절하게 원했기에 진심으로 축하해주지 못하고, 또 그런 자신을 부끄러워하는 마음이 한데 뒤섞인 동주의 얼굴을 가만 보고 있노라면 시기로 달뜬 마음도 비로소 조금씩 가라앉았다.

때때로 나는 소설 쓰는 과정을 일종의 '구도(求道)'에 비유하곤 하는데, 사실 그 말에 대단한 의미를 부여하는 건 아니다. 다만 주제·구성·문체 못지않게 마음을 잘 다스리는 것 역시 소설을 쓰는 데에 있어 중요한 요소가 된다고 믿는 편이다. 이를테면 분노나 억울함은 간혹 소설을 쓰게 만드는 강력한 동력이 되기도 하지만, 시기하는 마음은 대개 그렇지 못하다. 오히려 아무것도 쓰지 못하도록 만든다고도 할 수 있는데, 무엇보다 큰 문제는 그런 마음이 '쓰고 싶다'라는 가장 원초적인 생각마저 모조리 앗아가 버린다는 점이다. 내 경우에도 쓰고 싶지만 쓸 수 없는 상황은 P와 소주를 마시든 중랑천에 나가 5km쯤 달리고 오든, 소설과 무관한 무언가에 깊이 몰두함으로써 그런대로 극복해낼 수 있었다. 그러나 질투에 휩쓸려 텅 비어버린 창작욕을 되돌리기란 여간 어려운 게 아니라서, 나를 괴롭게 만드는 그 감정과 직면하는 것 말고는 달리 방도가 없었다. 「동주」를 다시 보는 것 역시 내가 내 감정을 온전히 바라보기 위한 나름의 방편이었다고 할 수 있을까. 더욱 처절하게 시기하고, 질투하고, 눈물 나게 부러워하는 끝에 진짜로 한바탕 울고 나면 뒤늦게 찾아오는 후회와 부끄러움을 움켜

쥐고서 겨우 다시 써볼 마음을 먹을 수 있었다.

　얼마 전 광복절에도 TV 특선 영화로 편성된 「동주」를 봤다. 이번에는 P도 함께였는데, TV를 틀었을 때 내가 챙겨보던 그 장면은 이미 지나간 뒤였다. P는 가장 좋아하는 장면이 지나가서 어쩌냐며 나를 놀렸고, 나는 그러네, 아쉽다, 맞장구쳤다. 한편으론 그 장면을 놓쳐버린 게 괜히 어떤 징후로 느껴지기도 했다. 말하자면 한 시절 나를 지독하게 괴롭히던 시기와 질투가 이렇게 지나가 버렸구나 싶었다는 것인데, 영화가 끝난 뒤 무심결에 켠 인스타그램에서 누가 어느 문예지에 단편소설을 발표했다는 게시물을 보고서는 다시 조용히, 티 나지 않는 질투를 시작했다. 그러면서도 '좋아요'는 잊지 않고 눌렀다. 나는 여전히 나이고, 미래의 나는 아주 높은 확률로 지금의 나와 별반 다르지 않을 텐데, 사람들이 이런 나를 부디 미워하지 않았으면 하는 마음이다.

4
소설은 무엇으로 쓰는가

동료·선배 작가들에게 지속 가능한 소설 쓰기에 대한 조언을 종종 구하곤 하는데 그때마다 비슷한 답을 듣는다.

"현옥 씨, 운동 하는 거 있어요? 소설 계속 쓰려면 운동해야 돼."

주제, 구성, 문체에 관한 심도 있는 조언 대신 '소설은 코어로 쓰는 것이다', '데뷔 후 5년이 지나면 반드시 허리가 무너진다' 같은 말을 듣고 있노라면 내가 지금 소설 조언을 듣는 건지 크로스핏 입부 상담을 받는 건지 헷갈릴 지경이다. 제가 조깅이랑 조기축구를 하긴 하는데요…… 라고 머뭇머뭇 말하면

유산소도 물론 좋겠지만 근력운동을 병행하는 게 더 도움이 될 거라는 대답이 돌아온다. 척추기립근과 둔근을 단련하기 위해선 스쿼트나 데드리프트가 가장 효과적이고, 요가나 필라테스처럼 몸의 밸런스를 바로잡는 운동도 추천할 만하다고. 그러다 대화가 자연스럽게 버티컬 마우스나 높이 조절이 가능한 모니터 거치대 같은 사무용품에 대한 찬사로 이어지기도 한다. 웃긴 점은 그런 조언들이 정말로 창작에 어느 정도 도움이 된다는 사실이다. 요즘은 글을 쓰는 틈틈이 인터넷에서 본 어깨와 등 스트레칭을 따라서 해보는데 종일 굽어 있던 어깨와 등이 이완되는 감각이 꽤 시원하고 좋다. 일련의 동작을 열 번쯤 반복하고 나면 한 시간은 더 앉아 있을 수 있다. 바로 지금처럼.

□

소설은 건강에 해롭다.

습작기를 포함해 10년가량 소설을 써 오면서 내가 나름대로 내린 결론이다. 소설 쓰는 일은 신체와 정신을 골고루 나쁘게 만든다. 내 경우만 하더라도 소설을 쓰는 동안 머리카락이 가늘어진 것 같고,

옆구리와 배에 군살도 덕지덕지 붙었다. 올 초부터는 폐활량도 확 나빠진 것 같은데, 평일 내내 앉아만 있어서 그런지 주말에 짬을 내 축구를 하러 나가면 금세 체력 고갈 문제를 겪는다. 가뜩이나 포지션도 윙백이라 왕성한 활동량이 필수인데…… 마감으로 밤을 지새울 때마다 왠지 팀에 민폐가 되는 기분이다. 팀 동료들에겐 에이징 커브가 와서 그렇다며 너스레를 떨긴 하지만 그래도 속이 상하는 건 어쩔 수 없다. 또 자세가 나쁜 탓에 허리와 골반도 틀어져서 바지를 줄일 때마다 오른쪽 기장을 조금 더 많이 잘라내야 하는데, 처음엔 내 몸이 문제인 줄도 모르고 수선 가게 아저씨의 솜씨를 탓했었다. 요즘은 밥을 먹을 때 자꾸 땀이 나는 게 조금 걱정이다. 원래도 땀이 많은 편이긴 했지만 요즘 들어 더 많이 나는 것 같다. P는 그렇게 아저씨가 되어가는 거라고 나를 놀리지만, 만약 물냉면을 먹을 때마저 땀을 흘리는 날이 온다면…… 그때는 정말로 병원에 가볼 생각이다.

 소설로 망가진 몸을 되돌리기 위해선 무엇보다 소설을 그만 쓰는 게 가장 좋겠지만 지금으로선 무리일 테고, 하는 수 없이 이런저런 운동을 시도해보게 된다. 그러나 어지간한 운동량으론 현재 상태를 유지하는 일조차 벅차다. 생각해보면 습작하던 때에도 별반 다르지 않았다. 예컨대 2018년 새해부터 누나와 같이 새벽 수영을 다녔었는데, 일주일에 세 번씩 일 년 반을 나갔음에도 끝내 허리디스크가 생기는 걸 막지 못했다. 일 년 만에 올라간 상급반에서 접영을 많이 시켰기 때문일 수도 있지만, 가장 큰 원인은 역시나 소설이었을 것이다. 며칠간 요통으로 고생하다가 누나의 추천으로 면목동에 있는 정형외과에 들렀는데 아니나 다를까 디스크 초기라는 진단을 받았다. 다만 견인 치료를 받고 며칠 쉬면 금방 회복될 테니 걱정할 필요 없다는 말에 비로소 마음을 놓을 수 있었다. 아직 젊으니까 막 살다가 또 아파지면 그때 다시 오면 돼요, 라는 의사 선생님의 말은 너무 명쾌해서 오히려 무책임하게 들릴 정도였다.

"그런데, 환자분은 무슨 일을 해요?"

엑스레이 사진을 들여다보던 의사 선생님이 무심한 어투로 내게 물었다. 나는 잠시 망설이다가 글을 쓴다고 대답했다. 무슨 글을 쓰냐고 물으면 소설이라고 대답해야겠다고 마음먹었는데(부끄럽지만 그런 순간마다 나는 다소 비장해지고 만다), 아쉽게도 그의 질문은 거기서 끝이었다. 그러고 보면 어지간한 사무직 종사자들은 어떤 식으로든 글을 쓰며 일할 텐데, 괜한 걸로 으스댔다는 생각에 문득 부끄러워졌다. 다들 적어도 나만큼은 책상 앞에 앉아 모니터를 바라보겠지, 당장 저 사람도 차트에 글을 쓰고 있지 않나. 한편으로는 변변한 직업도 없는데 덜컥 직업병부터 얻었다는 점에서 뭔가, 초라해지는 기분도 들었다. 무엇 하나 이룬 것도 없는데 왜 애꿎은 몸만 고장 나는지…… 언제나 그렇지만 그해의 낙방들은 유독 속이 쓰렸다. 불행 중 다행으로 요통만큼은 금세 사라졌고 아직까진 재발하지 않고 있다. 졸지에 전업 작가가 된 나는 의사 선생님 말마따나 막 살지는 못하고, 여전히 전전긍긍하며 소설을 쓰고 있다.

아프면 누구나 서럽겠지만, 소설 때문에 아프면 정말로 서럽다. 작심하고 낸 신춘문예에서 모조리 떨어진 어느 연말엔 지독한 독감에 걸리고 말았다. 열몸살로 온몸이 욱신거려 잠을 잘 수가 없었고, 몸을 일으키면 머리가 빙빙 돌아 밖에 나가는 건 고사하고 의자에 앉는 것조차 쉽지 않았다. 내가 할 수 있는 거라곤 침대에 누워 하염없이 천장만 바라보는 일

뿐이었다. 그 무렵엔 2층 침대를 썼으므로(1층에 책상을 뒀다) 천장이 유독 가까웠는데, 눈앞에 밭게 펼쳐진 흰 천장을 바라보면서 소설이 나를 망치고 있구나, 한때 나를 구원하리라 믿었던 소설이 나를 수렁에 빠뜨리는구나, 생각했었다. 억울한 마음에 눈물이 조금 났던 것 같기도 하다. 하는 수 없이 혼자서 송년회에 나간 P가 내게 전화를 걸어 몸은 좀 나아졌는지 물었을 때는 하소연하고 푸념하고 싶은 마음을 억지로 내리누르고 괜찮다고, 많이 나아졌다고 대답했다. 이미 오랜 기간 나를 인내해온 P에게 더 이상 걱정을 끼치고 싶지 않았다. 대신 P의 옆에 있던 다른 선배 J가 전화를 넘겨받아 내게 안부를 전했다. 술자리의 왁자지껄한 분위기 속에서도 J는 내게 진심 어린 응원과 격려를 아끼지 않았다. 힘을 내서 계속 써보자고, 묵묵히 소설을 쓰는 네가 있어서 언제나 많은 힘을 얻는다고. 혼곤한 정신으로 들은 그 말들이 지금도 가끔가다 생각이 난다. J는 여전히 나의 가장 소중한 독자 중 한 사람이다. 그는 지금 군 법무관으로 일하고 있는데, 가만 생각해보면 그 역시 글을 쓰는 사람이라고 할 수 있지 않을까. 회사원인 P도, 사회복지사인 누나도, 이 글을 읽는 당신도 마찬가지다. 우리는 모두 글을 쓴다. 그리고 글을 쓰는 건 원래 힘들다. 그러니 아프더라도 너무 서러워하지 말자.

그 대신 운동을 하자.

□

날도 덥고 귀찮기도 해서 한동안 조깅을 쉬었는데 요즘 들어 조금씩 다시 시작해보고 있다. 본격적인 러너라기엔 기록 단축이나 장거리에 욕심이 없는 편이라, 기껏해야 일주일에 두어 번, 5km 정도만 천천히 뛰고 들어올 뿐이다. 요즘은 러닝 크루나 측정 앱 같은 것들이 무척 활성화되어 있다지만 나는 혼자서 조용히 뛰는 걸 선호한다. km당 6분 정도의 페이스로 가급적 걷거나 쉬지 않으려 노력한다. 달릴 때는 백색소음 삼아 시사 팟캐스트를 틀어놓고 쓰다가 막힌 소설을 생각하거나 나라를 걱정하며 달린다. 집 앞의 중랑천 산책로를 주로 달리는데, 자꾸 눈으로 거리를 가늠하게 돼서 주의를 분산시키려고 노력하지만 마음처럼 잘 되지 않는다. 그래서 달리는 동안 더욱 치열하게 나라를 걱정하고, 또 내 소설을 걱정한다.

막상 달리는 이야기를 쓰고 있자니 다소 민망

해진다. 다름 아니라 하루키의 존재 때문이다. 그는 아주 많은 좋은 소설과 수필을 쓴 존경 받을 만한 작가임에 틀림이 없지만 나의 달리기를 무척 초라하게 만드는 주범이기도 하다. 하루키의 소설을 한 편도 읽지 않은 사람조차 그가 매일 새벽 10km를 달린다는 사실은 잘 알고 있다. 그가 매일 새벽 10km를 달리는 바람에 일주일에 10km를 겨우 달리는 내가 이렇게 부끄러움을 느끼고 만다. 그의 존재 때문에 나는 조깅이 취미라는 말을 차마 할 수가 없다. 달리기에 인생이 담겨 있고, 달리기의 고통이란 삶의 고통에 비해 얼마나 사소한 것인지 모르겠다는 그럴싸하고 멋들어진 말도 할 수 없다. 그저 혼자서 조용히, 티 내지 않고 달릴 뿐이다.

대신 이런 이야기는 써도 괜찮지 않을까. 작년 여름, 며칠간 이어지던 비가 그쳐 저녁 무렵에 중랑천변을 달렸다. 집에서 도봉경찰서 쪽으로 3km를 올라가고, 반환점을 돌아 다시 3km를 내려오는 코스였다. 그러나 겨우 1km 남짓 달렸을 무렵, 길 위에 손바닥만 한 무언가가 잔뜩 부려져 있는 게 눈에 들어왔다. 돌이 튀어나왔나 싶어 가까이 가서 보니, 참게 떼였다. 그동안 내린 비로 하천의 수위가 높아진 탓에 참게들이 산책로로 기어 나온 것이었다. 생경한 광경에 나는 달리기를 멈추고 길가에 쪼그려 앉아 참게를 구경했다. 근처에서 자전거를 타던 청소년들도 어느새 삼삼오오 모여들었다. 나는 그 아이들이 짓궂은 짓을 하진 않을까 내심 걱정이 됐는데, 누군가가 실수로 밟은 듯 등딱지가 산산이 부서진 채 죽어 있는 참게가 몇 마리 보였기 때문이었다. 바다도 아닌데 게가 있다며 신기해하던 아이들은 의외로 순순히, 또 순수한 얼굴로 참게를 구경했다. 나는 천변의 풍경을 찍어 P에게 보내주었다.

그런 기억 말고도 맞은편에서 뛰어오던 할아버지와 주먹을 툭 맞대며 인사했다거나, 깔따구가 코로 들어가 재채기를 여러 번 했다거나, 내가 옆으로 스윽 지나가자 화들짝 놀란 강아지에게 종아리를 물릴 뻔했다는 이야기 등등은 여기에 써도 괜찮을 것 같다. 나는 달리기를 하며 생기는 이런 잡스럽고 사소한 기억들이 좋다. 어쩌면 나는 바로 그런 장면들을 관찰하고 기억하기 위해 달리는 건지도 모르겠다. 다만 앞으로는 동료 소설가들의 조언대로 스쿼트를 조금 곁들여보는 게 좋을 듯하다. 이런 이야기들을 더 오래도록 쓰고 싶으니까.

자, 한 편의 글을 마쳤으니 이제 다시 스트레칭을 할 시간이다.

---

1. 양팔을 벌리고, 'W' 모양이 되도록 팔을 구부린다.

2. 허리 중앙의 한 점에 양 팔꿈치를 모은다는 느낌이 들도록 팔을 등 뒤로 당겨준다(이때 상박과 하박은 등 뒤에서 직각, 즉 'ㄴ'자를 형성해야 한다).

3. 하박이 지면과 수평이 되면 다섯까지 천천히 숫자를 세고, 이후 처음의 자세로 돌아간다.

4. 위 동작을 10회 반복한다.

5

웃음과 모욕

평소 나는 웃음이 많은 편이고 누군가를 웃기고 싶다는 생각도 많이 하는데 정작 내가 쓰는 소설엔 웃음기가 없다. 내 소설을 읽은 사람은 대체로 예민하다, 섬세하다는 말로 감상을 남기는데, 그래서 싫다는 건 아니다. 누군가가 내 소설을 읽고 있다는 사실만으로 큰 힘을 얻곤 하니까. 그리고 예민하다는 말은 왠지 좀…… 뿌듯하다. 다만 언젠가 반드시 웃긴 소설을 쓰고 싶은데 그게 나랑 잘 안 어울리면 어쩌나 염려가 될 뿐이다.

그렇다고 해도 당장은 누군가를 울리고 싶은 마음이 더 크다. 오래도록 여운을 남기고 마음을 속

수무책으로 흔들어버리고 싶다. 물론, 아직까지 내 소설 때문에 가장 많이 우는 사람은 나 자신이다. 내용 때문이 아니라 소설이 너무 안 써져서 운다. 망했다, 이번엔 진짜 망했네, 어떡하지…… 등단하기 전에는 더 자주 울었는데, 어느 해엔 신춘문예에 낙방하고서 샤워기를 틀어놓고 운 적도 있었다. 오래는 아니고, 한 6초 정도? 내가 생각해도 너무 청승맞아 보여 차마 오래 울 수가 없었다.

그러고 보면 초등학교 때였나, 아버지로부터 너무 웃지 말라는 말을 들은 적도 있었다.
"사람이 실없어 보이잖아."
잘 기억나진 않지만 아마도 아버지의 친구분을 만나는 자리였을 것이다. 불편하기도 하고 어색하기도 해서 헤실헤실 웃었는데 그게 좀, 그래 보였나. 아니, 웃는 게 뭐가 나빠서? 잘 웃으면 좋기만 하지. 이제 와 생각해보면 아버지는 다만 염려했던 게 아니었을까. 화가 많은 사람에 비해 너무 웃기만 하는 사람은 어딘가 쉬워 보이기 마련이고, 그러다 보면 필요 이상으로 모욕을 감내해야 하는 상황과 맞닥뜨리게 될 테니까. 그러니까 아버지는 당신 아들이 어디 가서 싫은 소리를 들어도 한마디 받아치기는커녕 그러게요 허허, 웃고 마는 사람이 될까봐 그랬던 게 아니었을까. 유감스럽게도 나는 아버지의 염려대로 자라나고 말았다. 지금도 나는 실없이 웃고 거절하는 게 어렵다. 컴플레인도 잘 못 거는 편이라 버스 정류장에서 누가 새치기를 해도, 백반집에서 나보다 나중에 온 사람이 먼저 음식을 받아도 따지지 못한다. 어떤 상황에서 불편을 느끼고 그걸 짚어내는 건 대부분 내가 아니라 P의 몫이고, 그래서 나는 그녀에게 자주 미안해진다.

6월, 서울국제도서전의 S문화재단 부스에서 소규모로 대담을 나누고 왔다. '가장 먼 곳을 통해 가장 가까운 곳을 바라보기'라는 키워드로 소설과 소설가에 대해, 재단 후원으로 현재 집필 중인 장편소설에 대해 독자들에게 소개하는 시간이었다. 잔뜩 긴장한 것 치고 분위기는 나쁘지 않았다. P도 친구와 함께 놀러와 있었으므로 중간중간 아이 컨택을 하며 긴장을 해소할 수 있었다. 그날 내가 약간 도취된 기분으로 한 이야기 중엔 이런 내용이 있었다. 소설을 쓰면서부터 화가 잘 나지 않게 됐다고, 그래서인지는 몰라도 외려 억울하거나 모욕적인 경험을 통해 소설의 가능성을 포착하는 순간을 기대하게 된다고. 그건 내가 실제로 품고 있는 생각이기도 하다. 화가 나고, 억울하고, 도저히 뭘 어떻게 해야 할지 몰라 가슴이 터져버릴 것 같은 상황을 맞닥뜨린다면! 그러면 끝내주게 좋은 소설을 하나쯤 써낼 수 있지 않을까 기대하는 것인데…… 아쉽게도(?) 세상은 아직 살 만한 곳이고, 내 주변엔 고맙고 좋은 사람들이 많다. 무엇보다 사람들은 소설가에게 그다지 박정하지 않아서 「옥상의 민들레꽃」*을 보듯 측은해한다. 네가 돈을 벌면 얼마나 벌겠느냐며 자꾸만 밥을 사주고 술도 사준다. 그중에서도 가장 고마운 점은 내 소설을 읽어준다는 것이다. 변변한 단행본도 없는 나를 위해 굳이 문예지를 사서 읽는 사람들. 감상 한마디라도 더 들려주려고 머릿속으로 단어를 곰곰이 고르는 사람들을 볼 때마다 한국인의 정에 대해 깊이 생각하게 된다.

□

몇 년 전엔 층간 소음으로 여러 날 골머리를 앓

---

* 1979년 간행된 박완서의 단편 동화

은 적이 있었다. 희미한 저음이 바닥을 타고 올라와 집안을 둥둥 울렸는데, 적당히 무시하려고 해도 자꾸만 신경이 곤두섰다. 추정컨대 아래층에서 쓰는 우퍼 스피커가 원인인 듯했다. 며칠을 고민한 끝에 결국 누나와 함께 아랫집으로 내려가 초인종을 눌렀다.

"안녕하세요, 윗집이에요. 말씀드릴 게 있어서요."

문이 열리기를 기다리는 동안 층간 소음 시비로 사람이 죽었다든가 하는 뉴스가 마구잡이로 떠올라 조마조마한 마음이 됐다. 만에 하나라도 드잡이를 하게 되면 어떻게 대처하는 게 좋을까 고민하던 순간에 소설은 정말이지 눈곱만큼도 생각나지 않았다.

그때의 이야기를 좀 더 해봐도 좋겠다. 현관문을 열고 나온 아랫집 부부는 의외로 우퍼를 쓰고 있다는 사실을 순순히 인정했다.

"제가 어린 시절에 중이염을 앓았거든요."

그렇게 말한 건 남편 쪽이었다. 그는 지금도 후유증으로 저음을 잘 듣지 못한다고, 부득이하게 우퍼를 써야만 하노라며 단호하게 말했다. 그런 이유 때문은 아니겠으나 남자의 목소리는 우락부락한 인상과는 사뭇 다른 하이톤이었다.

이후에는 진상을 파악하고 해결하는 절차가 이어졌다. 아내 쪽을 우리 집으로 데려와 피해 사실을 인지시켰고, 늦은 밤에는 우퍼 사용을 줄여보겠다는 약속을 받았으며, 이에 우리는 감사의 의미로 편의점에서 사 온 박카스 한 상자를 건넸다. 며칠 뒤 그들도 우리에게 귤을 한가득 가져다줌으로써 화답하는 마음을 표현했다. 전형적이지만 나름대로 성숙한 방식이었다고 자평한다. 조치가 끝나갈 무렵에 아랫집 여자가 밤마다 안방 쪽 천장에서 뭔가가 쿵 떨어지는 소리가 들린다고, 그게 좀 신경이 쓰인다고 털어놓았다. 우리는 내내 슬리퍼를 신고 있으며 늦은 밤에 무거운 물건을 옮긴 적도 없다고, 아마 다른 집에서 나는 소리가 사선의 형태로 전달되는지도 모르겠다는 의견을 조심스레 꺼냈다.

"제가 어디서 봤는데, 오래된 아파트에선 그런 층간 소음도 있다더라고요."

그러면서도 그 말이 일종의 변명으로, 우리는 잘못이 없는데 당신들이 지금 괜히 트집을 잡는 거라는 식으로 전달되지 않도록 노력했다.

상황이 일단락된 뒤에도 저음이 완전히 사라

진 건 아니었으나 그래도 전보다는 확연히 줄어든 것 같았고, 늦은 시간에는 나름대로 자제하는 듯했다. 어쩔 수 없이 신경이 쓰일 때엔 남자가 했던 말을 되새겼다. 어린 시절 귓병을 앓았다고 했지, 말하자면 그건 일종의 장애 같은 거겠지. 그런 생각들로 짜증을 가라앉히려 애썼다. 그들이 준 귤을 하나씩 까먹거나 밖에 나가 산책로를 가볍게 달리고 오는 것도 어느 정도 도움이 됐다. 뭐, 당장 급한 마감이 있던 것도 아니었고.

경비실에서 인터폰이 걸려 온 건 그로부터 한 달 정도 지난 뒤의 어느 이른 아침이었다. 요란한 벨소리 때문에 자다 깨서 수화기를 들었는데 경비원이 대뜸 집에 어린아이가 있느냐고 물었다. 조심스럽고도 난처한 기색이 역력한 목소리였다.

"아랫집에서 민원이 들어왔네요."

나는 여긴 남매끼리 사는 집이라고, 그리고 지금 아침 일곱 시라고, 방금 전까지 방에서 자고 있었는데 무슨 말씀을 하시는 건지 도무지 모르겠다고 대답한 뒤 수화기를 내려놓았다. 누나가 눈을 비비며 거실로 나와 무슨 일이냐고 물었다.

"몰라, 진짜 이상한 사람들이네……."

□

내가 좋아하는 어떤 소설은 이런 문장으로 끝을 맺는다.

때때로 나는 생각한다.
모욕을 당할까봐 모욕을 먼저 느끼며 모욕을 되돌려주는 삶에 대해서.
나는 그게 좀 서글프고, 부끄럽다.*

아래층 부부는 진즉 이사를 떠나고 없지만, 지금도 나는 그들을 떠올릴 때가 있다. 그러면서 그날 아침 내가 느낀 감정이 모욕과 맞닿아 있진 않나, 골똘해진다. 하고 싶은 말이 많았는데 하나도 못 했다는 생각에 억울해지기도 한다. 내가 아닌데 왜 내게 뭐라고 하나, 왜 자는 사람을 깨워 다짜고짜 그런 말을 듣게 하나, 그러는 당신들은? 내가 부탁한 건 제대로 들어주지도 않았으면서 왜 나한테만 그러는데? 당신들, 진짜 나쁜 사람들이야…… 무엇보다 나를 화나

---

* 이기호, 「최미진은 어디로」 『누구에게나 친절한 교회 오빠 강민호』 문학동네, 2018

게 만드는 점은 그들이 나를 이웃에 폐를 끼치는 사람으로 여긴 채 떠났다는 사실이다. 좋은 이웃까진 아니어도 나쁜 이웃으로 여겨질 법한 일은 안 했는데. 대체 어디부터 잘못된 걸까.

한편으로는 이런 생각도 든다. 내가 위에 인용한 문장처럼, 혹시 나는 그들을 먼저 모욕하지 못했다는 사실이, 내가 받은 것보다 더 큰 모욕으로 되돌려주지 못했다는 사실이 분한 게 아닌가. 반격은 고사하고 바보처럼 얻어맞고만 있었다고, 아버지 말마따나 실없는 사람이 되어버리고 만 건 아닌가 싶어지는 것이다.

어쩌면 그들과 나는 퍽 사이좋은 이웃이 될 수도 있었을 것이다. 우리가 서로를 적당히 인내하고 배려했더라면, 엘리베이터나 복도에서 우연히 마주쳐도 적당히 인사할 수 있는 이웃으로 지냈을 텐데. 실제로 나는 먼저 그들을 발견하고서 못 본 척하거나 피한 적이 여러 번 있었다. 주차장에서 그들의 자가용을 발견하면 블랙박스를 피해 빙 돌아가기도 했다. 무엇이 우리를 이토록 불편한 사이로 만들었을까. 나일까 아니면 그들일까. 혹시 그들도 내게 모욕을 느꼈을까. 만약 그랬다면 대체 내 무엇이 그들을 모욕했을까.

물론, 누군가를 모욕하고 또 누군가로부터 모욕당하는 일은 비단 현실의 층위에서만 벌어지는 일이 아니다. 어떤 의미에서 소설을 쓴다는 건 누군가를 모욕하기에 있어 가장 은밀하고 효과적인 행위인지도 모른다. 왜냐하면 읽기의 과정에서 수반되는 '공감'에 모욕의 가능성이 도사리고 있기 때문이다. '너무 내 얘기 같은 소설'을 읽을 때의 감동과 '내 얘기를 쓴 소설'을 읽을 때 느끼는 불쾌감의 기작은 다르지 않으며, 이는 모두 공감이라는 가치중립적인 현상에서 비롯한다. 흥미로운 점은 독자의 공감은 작가의 의도와 무관하게 작동한다는 점이다. 따라서 내 소설을 읽은 누군가가 '너무 내 얘기 같다'라는 감상을 남길 때, 나는 문득 두려움을 느낀다. 어떤 경우엔 별로였다거나 아쉬웠다는 말보다도 더욱 무섭게 다가온다. 그러므로 소설을 쓸 때, 나는 뜻하지 않게 누군가를 모욕할 가능성을 염두에 두며 쓴다. 나의 상상이 이미 누군가의 경험일 수 있음을 인정하며 쓴다. 쓰는 순간만큼은 '옳은 소설'보다 '좋은 소설'을 쓰는 데에 집중한다.

그러지 않으면 아무것도 쓸 수 없다.

□

　　매주 화요일 저녁마다 내가 사는 아파트 전체에 층간 소음 방지를 위한 안내 방송이 나온다. "우리 집 바닥은 아랫집의 천장입니다"로 시작하는 1분 남짓의 시간 동안 나는 TV 볼륨을 낮추고 방송이 끝나기만을 기다린다. 옆에서 같이 TV를 보던 누나는 저 방송이야말로 진정한 층간 소음이 아닐 수 없다며 별안간 화를 내기도 한다. 가만 들어보니 어째 전에 비해 방송 시간이 점점 길어지는 것 같다. 전에는 단순히 층간 소음에 유의하라고만 했다면 이제는 아이들 뛰는 소리, 쿵쿵 걷는 소리, 의자 끄는 소리, 청소기 및 세탁기 소리 등등 층간 소음의 구체적인 사례를 들어 말하는데, '아이들 뛰는 소리' 부분을 들을 때마다 아랫집과의 일화가 떠올라 조금 묘한 기분이 된다. 아무리 웃음이 많은 나로서도 그때만큼은 잘 웃지 않게 된다.

6
박종율

대학 때 공부를 제대로 안 해서 그런가, 진즉 배우고도 남았을 것들이 문득 궁금해지곤 한다. 이를테면 마음은 어디에 자리하고 있는지, 뇌인지 몸인지 하는 것들. 졸업하자마자 전공 서적과 필기를 모두 정리했는데 별안간 아쉬워진다. 그렇다고 노트에 그것들을 자세히 적어뒀나 하면 딱히 그렇지도 않다. 그럴 만한 게 전역 후 대학에 복학하고부터는 내처 소설만 써댔으니까. 주변 사람들에겐 학점으로 배수의 진을 치는 거라고, 돌아갈 곳을 없애버려야 더욱 소설에 매진할 수 있지 않겠느냐고 떠들곤 했는데, 그 시절의 난 도대체 왜 그랬을까. 그나저나, 대입을 준비하던 때만 해도 심리학자가 될 각오로 충만했던 내가 지금은 어쩌다 이렇게 방에 앉아 소설을 쓰고 있나. 한때 내게 무척이나 절실했던 것들이 이제는 왜 하나도 절실하지도 아련하지도 않나. 가끔 그런 게 궁금해진다.

중학생 때는 마술사가 되고 싶었다. 한창 이은결, 최현우 같은 신세대 마술사들이 선풍적인 인기를 끌던 시기였다. 할머니 댁에서 사촌 형이 화투로 마술을 보여준 게 계기가 되어 꽤 오랜 기간 연마했다. 학교에서 진로 조사를 하면 1순위에 마술사를 적었고, 부끄러운 얘기지만 축제 때 친구와 무대에 오른 적도 있다. 이른바 '스트릿 매직'이랍시고 등하굣길에 무작정 지나가는 사람을 붙잡고 마술을 보여주기도 했었다.
"저기요, 마술 보여드릴까요?"
별 이상한 놈 다 본다는 반응이 돌아온 적도 많았으나 이상하게도 그 무렵엔 그런 일에 거리낌이 없었다. 순발력과 언변, 루틴의 다양성을 키워야 한다는 일념으로 가득했으니까. 누구나 그렇겠지만 그 시절의 나는 지금의 나와 아주 다른 사람이었다.

마술사의 꿈을 포기한 이유는 내 실력이 어디까지나 취미 수준에 머무르고 있던 탓이고, 그보다는 차라리 공부가 적성에 맞기도 했다. 지극히 합리적인 선택이었음에도 불구하고 주위의 누구도 내가 마술사가 될 거라 믿어주지 않았다는 점이 서운해지는 건 왜일까. 나름 진지했는데, 그 정도로 장난 같아 보였나.

이따금 부모님은 내 어린 시절 일화를 들려주며 내가 본래부터 소설가가 될 운명이었을 거라고 주장한다. 올림픽 공원으로 소풍을 나가면 단 1초도 쉬지 않고 우스갯소리를 재잘거렸다거나 유치원 졸업식 때 대표로 졸업사를 낭독했던 일들. 가만 생각해보면 그 정도는 훌륭한 회사원이나 공무원, 자영업자의 자질이라고 봐도 전혀 이상하지 않은 것 같은데도 부모님은 거기에 나름의 의미를 열심히 담아낸다. 그것 보라고, 역시 네게는 소설가가 천직이라고, 또 네가 소설을 써서 참 좋다고도 말한다. 부모님이 보다 배포가 큰 사람들이었더라면 어땠을까. 그러니까 올림픽 공원에서 쉬지 않고 떠드는 걸 보니 과연 변호사의 자질을 타고났다든가, 졸업사를 읽는 품새가 마치 환자에게 진단명을 차근차근 읊어주는 의사의 것이라든가 하는 식으로. 뭐, 회계사여도 좋을 것 같고, 수의사나 한의사도 썩 나쁘지 않겠다. 다만 나는 그런 나를 구체적으로 꿈꿔본 적이 없어서, 그런 내가 어떤 모습일지 짐작조차 가지 않는다. 또 그것들이 내게 소설만큼 간절한 존재가 될 수 있을지 의문도 남는다. 또다시 본업을 제쳐두고 소설만 쓰는 게 아닐까. 힘겹게 얻어낸 것들을 아무 미련 없이 포기하지는 않을까. 끝내 'OO사'로 살지 않고 'OO사 출신 소설가'로 살지는 않을지, 별 의미 없는 걱정이 앞선다.

□

어쩌면 나는 지금과는 전혀 다른 내가 될 운명을 타고났는지도 모른다.

내 이름은 돌아가신 할아버지가 작명소에서 지어 오셨다. 어릴 때는 이름 끝의 '옥(玉)'자 때문에 온갖 별명이 생겨 무척 싫어했으나(이를테면 옥동자, 옥장판, 옥매트, 옥베개, 옥수수 같은 것들) 지금은 필명을 따로 만들 필요가 없고 나름대로 독특해 마음에 든다. 불세출의 천재 김승'옥'의 존재를 내심 염두에 두게 된다고나 할까. 얼핏 나이 지긋한 대문호의 이름 같기도 하다. 무엇보다 P가 "옥아―" 하고 나를 불러주는 게 좋다.

"네 할아버지가 그랬는데, 그 이름이 못해도 국회의원은 해 먹는 이름이라더라."

아버지가 생각한 원래 내 이름은 항렬자를 넣어 만든 '종율'이었다. 박종율이라, 평범하니 괜찮은 것 같기도. 큰집 형, 누나들의 이름에도 모두 항렬자가 들어가 있다. 종순, 종희, 종연, 종만, 종원, 종범…… 한때 내 이름이 될 뻔한 '율' 자는 몇 해 전 추석, 이모가 문경 집에 분양한 강아지에게 가 붙었다. 원래 이름은 9월에 와서 '구월이'였는데, 지금은 '율이'가 됐다. 어째 중간에 이름이 한 번 바뀌어서 그런지 "율아―" 불러도 잘 못 알아듣는다. 원래 내 이름이 될 뻔해서 그런지는 몰라도 어머니는 종종 강아지와 내 이름을 바꿔 부르곤 한다. 율아, 아버지 식사하시라고 해라.

만일 박현옥이 아닌 박종율로 살았다면 지금쯤 나는 뭐가 되어 있을까. 적어도 지금처럼 현'옥'과 현'욱'을 헷갈리는 사람은 없겠지. 말이 나와서 말이지만, 아직도 전화로 식당을 예약할 때마다 혼선을 빚는다.

"아니, '욱'이 아니라 '옥'이라니까요. 옥동자 할 때 옥이라고요."

그런가 하면 박현욱의 소설을 너무 재밌게 읽었다는 블로그 글을 발견해 클릭해봤더니 박현욱 작가의 『아내가 결혼했다』 리뷰가 나온 적도 있었다. 훈련소에서는 5주간의 교육을 마칠 무렵 한 동기가 여태껏 내 이름을 현옥으로 알았다며 "그간 이름 잘못 불러서 미안했다, 현욱아"라고 느닷없이 사과하기도 했다. 그러니까, 박현옥이 아닌 박종율로 살았더라면 그런 일만큼은 없었을 것이다. 혹시 박종율도 소설을 썼을까. 지금보다 성공한 소설가가 되어 있진 않을까. 역시 박종율을 이길 방법은 단 하나, 국회의원이 되는 것뿐인가. 그런 의미에서 몇몇 문인 출신 정치인들의 존재가 내게 실낱같은 희망이 되곤 한다.

이름에 관해 쓰다 보니 문득 떠오르는 기억이 있다. 중학교 2학년 때였나, 학교 대표로 경기도 학생모의 의회에 나간 적이 있었다. 학급 반장들 가운데 두엇을 추려 내보내는데 우연찮게 내가 뽑혔다. 하는 일도 딱히 없어서 수원에 있는 의회 본관에 경기도 광주 대표랍시고 앉아 있기만 하면 됐다. 아마도 수원이나 성남, 과천처럼 큰 도시의 학생들에게 보다 구체적인 역할과 활동이 주어졌을 것 같다. 아무튼,

한참을 앉아 있던 와중에 누군가가 내 어깨를 톡톡 두드렸다. 고개를 돌려보니 덩치 큰 중년 남자가 미소 띤 얼굴로 나를 내려다보고 있었다.

"학생 이름이 박현옥이에요?"

남자는 자신의 이름이 나와 같다며, 지갑에서 명함을 한 장 꺼내 내밀었다. 엉겁결에 사진도 한 장 같이 찍었다.

"어려운 일 있으면 언제든 연락해요."

남자의 명함에 적힌 이름은 정말로 박현옥이었다. 직함까지는 기억나지 않지만 아마도 지나가던 경기도의원이었으리라. 어려운 일이 있으면 연락하라니, 그런 멋진 말을 아무렇지 않게 건넬 수 있는 어른이란 얼마나 귀한 존재인지. 얼마 지나지 않아 명함을 잃어버렸으므로 도의원 찬스를 사용할 일은 영영 사라져버리고 말았고, 지금도 그게 못내 아쉽다. 어렵기는 지금이 더 어려운데. 소설이 너무 안 써져서, 원고료가 너무 적어서 이렇게 힘든데…… 박현옥 씨는 못해도 국회의원은 해먹는 이름의 소유자답게 국회에 입성했을까. 아직도 일발역전의 기회를 호시탐탐 노리는 중일까. 어쩌면 인생의 황혼기에 접어들며 소설을 써 봐야겠다고 마음먹었는지도 모르겠다. 만약 그렇다면, 이제는 내가 명함을 건넬 차례다. 소설 쓰다가 어려운 일 생기면 아무 때나 연락하라는 말도 해야 할까. 물론 그런다고 내가 뭘 해줄 수 있는 건 아니지만. 심지어 나는 아직 명함조차 없다.

□

　인터넷에 내 이름을 검색해보면 나와 전혀 다른 삶을 살아온 여러 박현옥들이 나온다. 대한민국 초대 미스코리아 진 박현옥, 서양화가 박현옥, 무용수 박현옥, 그 밖에도 전국 각지의 온갖 조직에서 나름의 역할을 다하고 있는 박현옥들을 발견할 수 있다. 그들을 보면 내가 끝끝내 국회의원이 되지 못할 가능성에 대해, 내가 지금과 별반 다르지 않은 나로 살아갈 가능성에 대해서도 어느 정도 생각하게 된다.

　그러고 보면 세상에 소설가가 될 운명 같은 게 어디 있겠나. 예컨대 회사원이 될 운명이나 자영업자가 될 운명 같은 말은 없는데 소설가라고 뭐 그렇게 특별해서 운명이라는 단어까지 갖다 붙이는지. 내게는 소설을 쓰게 된 그럴싸하고 멋들어진 계기도 없다. 군대에서 책을 읽다가 자연스럽게 마음먹었을 뿐인데, 누군가의 물음에 대답할 때마다 본의 아니게 군대 얘기를 하는 것 같아 멋쩍어진다. 취미생활에 관한 질문이 뒤따라오면 한층 더 멋쩍어진다. 조기축구요…… 먼 훗날 유명 매체와의 인터뷰를 위해 미리 하나쯤 만들어보는 건 어떨까. 예를 들어 돌잡이 때 원고지를 움켜쥐었다거나 어느 날 낮잠을 자고 일어났을 때 문득 소설가가 되기로 결심했다거나……

　　종종 나는 더 이상 소설을 쓰지 않는 나에 대해서도 생각해보는데, 오히려 주변 사람들은 그렇지 않은 것 같다. 어머니는 내가 등단하기 훨씬 이전부터 지금까지 "넌 나이를 먹을수록 네가 하는 일을 좋아하게 될 거야"라고 말해주곤 한다. 마치 당신은 이미 그런 미래를 알고 있다는 것처럼 단언한다. 소설을 쓰는 것도 일종의 기술이라는 뜻일까. 요즘 들어 나는 그 말을 부쩍 자주 되새긴다. 소설을 쓰며 끝이 보이지 않는 터널을 지나는 듯한 기분을 종종 느끼곤 하는데, 어머니의 말을 가만 곱씹다 보면 그래도 언젠가는 끝이 나오긴 하겠구나 생각하게 된다. 어쩌면 터널을 빠져나온 나는 더 이상 뭔가를 써내지 못하고 있을지도 모르지만, 무엇보다 그런 미래의 내겐 터널

속의 내가 치열하게 써 온 것들이 남아있을 테니까. 그런 미래를 상상하자면 지금 뭔가를 쓰고 있는 게 조금은 덜 막막하게 느껴진다.

7
사이가 좋군요

P와 오랜 기간 만나다 보니 자연스레 서로에게 친구를 소개할 일이 생기는데, 처음 보는 P의 친구들이 어째선지 나를 잘 알고 또 이해하고 있다는 느낌을 받을 때가 있다. 아마도 그건 으레 하는 인사말처럼 "P로부터 말씀 많이 들었"기 때문만은 아닐 것이다.

나는 그들과 제법 어색하지 않게 대화를 나누며 간혹 술잔을 기울이기도 한다. 물론 그들과 나누는 이야기의 대부분은 P에 대한 것이다. 나는 그들로부터 내가 알지 못하는 P의 학창 시절 일화나 사회인으로서의 면모 같은 걸 듣고, 나 역시 그들에게 연인으로서의 P가 어떤 사람인지 말해준다. 어떤 날엔 내내 P에 대해서만 떠들다 올 때도 있는데, 그럼에도 마치 내 얘기를 아주 많이 하고 온 것 같은 기분을 느낀다. 아마 그들도 마찬가지일 터이다. 기실 우리가 나눈 건 P에 대한 지식과 사연일 뿐인데도 외려 그걸 통해 서로를 알게 됐다고 해야 하나. 그러니까 내가 하고 싶은 말은 이런 것이다. 누군가를 더 잘 이해하기 위해선 그 사람의 곁에 있는 또 다른 누군가를 이해하는 게 많은 도움이 된다는 것. 마치 자식을 보면 부모가 어떤 사람인지 알 수 있다고 믿듯이.

소설을 쓰는 일도 이와 비슷하다고 할 수 있을까. 원래 보여주려던 어떤 인물보다 그 주변인에 더 많은 노력과 분량을 할애하는 것. 그건 비단 모자란 분량을 해결하기 위한 궁여지책만은 아니다. 누군가의 가족이나 친구, 연인, 직장 동료의 이야기를 한참 쓰다 보면 어느새 거기서 뻗어 나온 화살표들이 한 지점을 가리키고 있다는 걸 알게 된다. 나를 이루는 너, 너를 이루는 나, 우리를 이루는 그들…… 그런 점에서 소설은 언제나 간접적이며 반어적이다. 그래서인가, 나는 남겨진(떠나간) 이들에 대한 소설을 좋아한다. 정확히는 남겨진(떠나간) 이들의 궤적에 배어 있는 떠나간(남겨진) 이들의 사연을 읽는 걸 좋아한다.*

---

* 「그치지 않는 사랑 이야기—이장욱, 「침잠」」 『현대문학』 2023년 2월호, 267-268쪽

지난해 한 문예지에 발표한 소설 리뷰의 서두에 쓴 내용이다. 월간지 편집 일정상 마감까지 주어진 시간은 2주 남짓이었다. 주어진 소설을 거푸 읽고도 어떻게 글을 시작해야 할지 몰라 며칠을 허비하다가 P에 관한 내용으로 겨우 무언가를 쓸 수 있었다. 한참 글을 쓰다가 또 막혀서 어느 여름에 다녀온 가족 여행에 관해서도 썼다. 무척 습하고 끈적끈적했으나 나름대로 즐거웠던 통영·거제 여행이었다. 왠지 글로 쓰려고 하니 고단했던 기억은 옅어지고 좋은 기억만 떠오르는 것 같았다. 겨우 기한 내에 원고를 넘기면서 나는 아주 가까운 사람들에 대한 기억 없이는 아무것도 쓸 수 없는 사람이라는 사실을 실감했다. 어쩌면 그건 좋은 소설가의 자질은 아닌 것 같기도 하다. 그러나 기억하는 것 역시 소설가의 자질이라면 마지못해 고개를 끄덕일 수도 있겠다.

올 초 산문집을 계약하고서도 P에 대한 글을 하나쯤은 써야겠노라고 마음먹었다. 비단 써야 할 원고의 분량이 만만찮아서만은 아니었다. 산문집의 방향은 '소설 쓰는 나'와 '내가 쓰는 소설'이 되겠지만 그것만 가지고서는 나를 온전히 설명할 수 없으리라는 생각이 들었기 때문이다. 나를 이루는 절반이 소설이라면 나머지 절반은 P가 차지하고 있을 것이다, 라는 문장을 쓰는데 창밖에서 우르릉, 천둥소리가 들려온다. 곧이어 소나기도 내리기 시작한다. 내가 뭘 잘못 말했나.

그렇지, P는 내게 절반 이상의 존재다.

□

지난 6월엔 P와 '미야코지마'라는 섬으로 휴가를 다녀왔다. 오키나와현에 속해 있긴 하지만 본섬에서 남서쪽으로 300km쯤 더 가야 나오는 작은 섬인데, 스노클링으로 바다거북을 볼 수 있다는 말에 다소 이른 여름휴가를 결심했다. 정말로 작은 섬이라 한쪽 끝에서 반대쪽 끝까지 차로 30분 남짓이었다. 우리는 며칠간 섬 곳곳을 돌아다니며 틈날 때마다 바다에 들락거렸다. 스노클링 장비를 쓰고 물에 들어가 어깨가 벌겋게 익을 때까지 물고기와 거북이를 구경했고, 놀다 지치면 해변에 비치 타월을 펴 놓고 앉아 소라게를 주웠다. 더운물에 섬을 통째로 담근 것 같은 아열대 기후 때문에 거의 모든 건물 내부에 에어컨을 상시 틀어놓았는데, 결로로 인해 유리창엔 언제

나 물이 줄줄 흐르고 있었다. 옷이 수시로 땀과 바닷물에 젖었다 말랐다 하면서도 내내 팔짱을 끼고 다녔기 때문인지 어느 기념품 가게에선 "사이가 좋군요"라는 말을 듣기도 했다. 어머니뻘 되는 점원이 말하는 '나카요시(なかよし : 단짝)'라는 단어를 알아듣지 못해 거듭 물어본 끝에 번역기를 돌려봤는데 화면에 나온 뜻이 퍽 마음에 들었다.

그로부터 한 달쯤 뒤의 어느 저녁, P와 압구정의 닭갈비집 앞에 줄을 서서 차례를 기다리다가 그때의 이야기를 꺼냈다. 사이가 좋다는 말이 왠지 듣기 좋았다는 내 말에 P는 어쩐지 그건 연인보다는 친구 사이를 일컫는 말이 아니겠냐고 반문했다. 그러니 산문에 그 얘길 쓸 거라면 말뜻을 정확히 알아본 다음에 쓰는 게 좋을 것 같다고, 네가 생각하는 그런 뜻이 아니라면 여러모로 멋쩍어지지 않겠느냐는 말에 나는 괜히 투덜거렸다. 하여튼, 낭만이 없어, 낭만이……

그날은 우리가 무척 좋아하고 가까이 생각하는 선배 내외를 만나는 자리이기도 했다. 미국으로 유학을 떠나 한동안 볼 수 없었는데 모처럼 한국에 들어와 날을 잡아 만났다. 우리는 닭갈비집에서 식사를 하고 근처의 LP 바로 자리를 옮겨 맥주를 마셨다. 작년에 아이를 낳은 그들은 모처럼의 부부 동반 외출이라며 무척 들떠 있었고, 신난 그들을 보는 우리도 덩달아 기분이 좋아졌다. 그날 P와 나는 그들로부터 육아의 기쁨과 고단함을 비롯해 결혼생활에 대한 실감나는 이야기를 많이 들을 수 있었다. 나는 그들처럼 사이좋은 사람들조차 가끔은 심하게 다투거나 서로에게 서운함을 느낀다는 사실이 새삼 놀라웠는데, 당시엔 나름대로 심각했을 문제들이 이제는 두 사람 모두의 기억에서 희미해질 정도로 사소해졌다는 점이 왠지 그들을 더욱 견고한 부부로 보이게 만드는 것 같았다. 우리와 고작해야 한두 살 차이밖에 나지 않는 그들이 내 눈에는 무척 어른스러워 보였다. 그때 왜 싸웠더라? 선배가 한참을 골똘히 생각하다가 마침내 떠올린 싸움의 이유라는 게 정말로 보잘것없어서 P와 나 모두 큰 소리로 웃었다. 물론 우리에게도 그런 에피소드들이 제법 있었겠지만 막상 이야기해주자니 이렇다 떠오르는 게 없었다. 그건 우리도 그만큼 견고해졌다는 의미였을까.

바에서 나와 선배 부부와 작별하고, P를 집으로 바래다주는 길에는 이어폰을 한 쪽씩 나눠 끼우고서 배리 매닐로(Barry Manilow)의 「Copacabana」를 들었다. 얼마 전에 P가 알아낸 노래였다. 하바나 북쪽 코파카바나 클럽의 쇼걸 '롤라'와 바텐더 '토니'의 비극적인 사랑 이야기를 다룬 가사와 달리 멜로디가 무척 경쾌해서 걷는 내내 함께 흥얼거렸다. 그러면서 이제 우리는 그런 가사쯤은 아무렇지 않게 따라 부르는 사이가 된 것인지도 모른다고 생각했다.

며칠이 지나 선배가 바에서 몰래 찍었다며 우리의 사진을 보내왔다. 그 사진보다도 두 사람이 보기 좋더라는 선배의 말이 마음에 오래 남는 이유는 무엇일까. 그들과 우리는 무수히 많은 농담을 주고받지만 적어도 그 말만큼은 순도 100퍼센트의 진심일 거라고 믿어 의심치 않는다. 나는 얼른 산문집을 마무리해서 선물하겠다고 답장했다. 별로 맥락과 닿아있지도 않은 말이었지만 쑥스러운 마음에 괜히 그랬다.

□

나는 소설을 읽으며 감탄은 해도 눈물을 흘려본 적은 거의 없다시피 하지만(아무래도 나는 소설가치고 감수성이 좀 떨어지는 것 같다), 언젠가 동료의 추천으로 읽은 줌파 라히리의 「일시적인 문제」는 나를 조금 많이 울게 했다. 소설을 다 읽고 나서는 퇴근 중인 P에게 전화를 걸어 줄거리를 미주알고주알 설명해줬고, 가만히 내 이야기를 듣던 P는 어머, 하고 짧게 탄식했었다. 출산을 3주 앞두고 사산으로 아이를 잃은 인도인 부부, 서서히 소원해진 그들에게 우연한 기회로 찾아온 내밀한 대화의 시간, 가장 마지막 순간에야 털어놓는 진심…… 그날 내가 P에게 하고 싶은 이야기는 이런 것이었다. 어떤 상처는 끝내 사소해지지 못한 채 여전한 밀도의 슬픔으로 남아버리는 것 같다고, 죽음이나 배신, 궁핍, 그 밖의 많은 현실적인 위기 앞에서 사랑이라는 신화는 때로 유명무실해지고 만다는 사실이 내게는 무척 슬프게 다가온다고, 그럼에도 우리는 그러지 말자고. 하지만 어느새 우리는 소설 이야기가 아니라 점심엔 무엇을 먹었는지, 무엇을 타고 집에 가고 있는지 같은 시답잖은 대화를 주고받고 있을 뿐이었다. P의 목소리 너머로 지하철 소리가 요란하게 들렸고, 나는 얼마 지나지 않아 전화를 끊어야만 했다. 뭐, 그래서 아쉽다거나 서운했다고 말하려는 건 아니다. 이제 와 생각해보면 P도 퇴근길에 굳이 심각한 주제로 대화하고 싶진 않았을 것 같다.

나는 P와 나누는 사소하고 평범한 이야기를 아주아주 좋아한다. P도 마찬가지라고 믿어 의심치 않는다. 우리는 여전히 서로를 지쳐 쓰러질 때까지 웃기려고 노력한다. 또 좋은 경치를 보거나 맛있는 음식을 먹으면 자연스럽게 서로를 떠올린다. 습도가 높아 살갗이 끈적거리는 날에도 팔짱을 꼭 끼고 걸으며, 약속을 마치고 집으로 돌아가는 길엔 항상 전화를 건다. 괜한 걸로 트집을 잡아 서로를 놀리기도 하고, 무언가를 잘못해서 상대가 토라지면 진땀을 흘리기도 한다. 지금의 '우리'를 이루고 있는 건 이토록 사소하고 자잘한 장면들이다.

그러나 어느 미래에 우리는 지금으로선 알 수 없는 거대하고 심각한 문제와 당면하게 될지도 모른다. 최악의 경우엔 이별을 진지하게 논의하고 서로를 원망하게 되겠지. 우리는 필경 불화하고, 반목하며, 서로를 지긋지긋해하게 만드는 많은 순간과 직면하게 될 것이다. 그리고 그런 미래를 극복하는 데에 사랑은 아무런 소용이 없을지도 모른다. 바로 그때 우리에게 정말로 필요한 건 사랑 이상의 무언가, 어쩌면 '우정'과 '동지애'에 가까운 감정이 아닌가. 많은 부부가 그들의 관계를 '전우'로 표현하는 건 단순한 농담만은 아닐 터이다. 무언가의 끝에서 '함께' 되돌아오기로 마음먹은 사람들.

    여기까지 쓰고 나니 지난여름 우리가 미야코지마에서 들은 말이 정말로 친구 사이를 의미했더라도 그다지 서운하게 느껴지지 않는다. 어쩌면 우리는 이미 미래의 여러 문제를 해결할 단 하나의 실마리를 얻었는지도 모르겠다. 그게 무엇인지는 지금으로선 알 수 없지만, '사이좋은 사람들'답게 이겨내리라고 믿고 싶다.

8
나는 너무 나라서

때로는 모든 것에 열려 있는 사람보다 적당히 편협한 사람이 더 좋은 소설을 쓸 수 있다고 믿는데, 이건 내가 다분히 그런 쪽의 사람이라서 하는 생각이다. 딱히 근거는 없다. '편협'이라는 단어를 '집요함'이나 '일관성'으로 바꿔도 큰 차이는 없을 것 같다. 오히려 그쪽이 더 말이 되는 것 같기도 하고.

나로 말할 것 같으면 새로운 것에 큰 관심이 없고, 한번 좋아하게 된 건 어지간해서 싫어지지 않는 편이다. 또한 많은 사람과 두루두루 친해지기보다는 한 사람과 오래 깊은 관계 맺기를 선호하고, 한 축구팀을 20년 가까이 응원해왔으며, 중학교 때는 벌집핏자 하나만 몇 년을 먹었다. 지금은 그때만큼 과자를 자주 먹지 않지만 그래도 여전히 그걸 가장 좋아한다.

그런가 하면 습작하는 동안 답답한 마음에 점이나 사주를 몇 번 보러 가곤 했는데 번번이 교직이나 공직이 적성에 맞는다고 나왔다. 그때그때 새로운 일을 하기보다는 편협한 사람답게 정해진 일을 절차에 맞게 처리하는 쪽이 잘 맞는다는 뜻이었을까. 한번은 역술인이 하반기 공기업 공채에 반드시 지원해보라고, 이대로 놓치기에 너무 아깝다며 진지한 어투로 조언한 적도 있었다. 당시엔 솔깃하기보다는 왜 물어본 등단에 대해선 대답을 안 하고 애꿎은 공기업 타령인가 싶어 답답했다. 그렇게 바라마지않던 소설가가 된 지금, 정해진 날에 월급을 받고 정년이 있는 삶이 궁금해지는 건 왜일까. 속는 셈 치고 지원이나 해볼 걸 그랬나. 그러나 어느덧 30대 중반이 되어 신입 공채 서류를 넣기에도 멋쩍어지고 말았다. 무엇보다 출근을 위해선 지금보다 일찍 자고 일찍 일어나야 할 텐데, 그게 영 자신이 없다.

벌써 10년 가까이 회사원으로 살고 있는 P는 나의 전무한 것이나 다름없는 사회 경험을 언급하며 나를 놀린다. 우리 현옥이, 이렇게 세상 물정을 몰라서 어떡하나, 대체 이 풍진세상을 어떻게 살아가려고 그러나, 그러다가도 어느 순간에 이르러선 나라도 세파에 찌들지 않아 다행이라며 볼록한 뒤통수를 매만진다. 우리 둘 중에 하나라도 그래야지, 그래도 나는 네가 꼭 성공했으면 좋겠어. P의 말에 나는 걱정 말라고, 예체능엔 한 방이 있지 않느냐고 자못 비장하게 대꾸한다.

그러나 나는 가끔가다 이런 생각도 한다. 어쩌면 내가 지금 소설을 쓰고 있는 건 단순히 내가 그동안 쭉 소설을 써왔기 때문은 아닐까. 문학적 성취에 대한 욕망 같은 대단한 이유를 가져서가 아니라, 편협하고 일관된 성향의 소유자답게 그저 내게 가장 익숙한 일을 하는 것뿐이라고. 말하자면 소설이나 벌집 핏자나 의미적으로는 매한가지라는 것인데, 막상 쓰고 나니 그렇게까지 생각할 필요는 없어 보인다.

□

『장자』「제물론」에는 '도행지이성(道行之而成)'이란 구절이 나온다.

길은 걸어감으로써 만들어진다.

루쉰의 단편소설 「고향」의 마지막 문장에 변용된 것으로도 유명한 이 구절은 아버지의 오랜 지인이자 클라이언트이기도 했던 일식 요리사 K의 좌우명이었다. 나는 오래전 K로부터 이 말을 배웠고, 오래도록 잊고 지내다가 산문을 쓰기 시작하고서 문득 떠올리게 됐다. K는 내게 이유나 목표를 생각하기에 앞서 묵묵히 행동하는 것이 중요하다고, 다찌 테이블을 주먹으로 통통 두드려가며 말했다. 확실히, K는 전통적 의미의 '장인'에 가까운 사람이었다. 그 기억을 오래도록 잊고 지내다가 이 글을 쓰기 시작하고서 문득 떠올리게 됐다. 혹시, 내가 지금 이런 사람이 된 건 그때 그런 말을 들었기 때문이 아닐까.

내가 이런 사람이 된 데엔 아버지의 영향을 무시할 수 없을 텐데, 일례로 아버지는 40년 가까이 건축가로 소일하며 선배 프리랜서로 살아왔다. 평생 한 직업만 가져온 사람이 편협하지 않을 리 없다. 내가 소설 밖의 세상을 잘 모르듯 아버지도 설계와 건축 이외의 세계를 잘 알지 못한다. 내가 초등학생이었을 무렵, 미수금 문제로 골머리를 앓던 아버지가 가족들을 불러모아 놓고 건축을 그만두면 어떨지 의논한 적이 있었다. 아버지는 이참에 초밥집을 차려보는 것도 좋겠다고 했는데, 많고 많은 음식점 중에 왜 하필 초밥집이었을까. 일식집 공사 경험이 많아서였나, 아니면 단순히 당신이 초밥을 좋아하기 때문이었나. 그때는 아버지가 그런 마음을 먹었다는 사실 자체가 슬프기만 했는데, 가만 생각해보니 그 와중에도 좋아하는 음식으로 가게를 차려볼 생각이었구나, 혀를 내두르게 된다. 그날 내가 아버지의 업종 전환을 만류하며 꺼낸 말이 '도행지이성'이었다. 아빠, 그런 말이 있대. 나중에 알게 된 사실인데, 당시 미수금 문제를 일으킨 사람은 다름 아닌 K였다. 그런 K의 말을 내가 아버지에게 위로랍시고 전한 것이다.

지금도 아버지와 통화를 나눌 때마다 프리랜서로서 가져야 할 마음가짐에 대한 조언을 듣는다. 성공은 자연스럽게 찾아오니 미리부터 조급해하지 말아라, 아침 일찍 일어나고 매일 꾸준히 작업해라, 지금 이 순간에도 남들은 네 이야기를 하고 있다는 사실을 명심하고 행동거지에 신경 써라. 너무 당연해서 마음에 두지 않았던 것들을 아버지는 지겨우리만치 당부한다. 오직 그것만이 당신이 내게 물려줄 수 있는 비급이라도 된다는 양.

언제부턴가 아버지는 프리랜서로서 당신이 가진 고민이나 고충도 내게 털어놓는다. 그때마다 아버지가 내게 동료 의식을 느끼게 된 것 같아 내심 기분이 좋다. 나는 소설가가 되고 나서야 아버지도 마감의 압박에 시달린다는 걸 알게 됐다. 그러고 보면 소설과 건축은 비슷한 부분이 많다. 어딘가에서 의뢰가 들어오고 마감일까지 결과물을 내야 한다는 점이라든가, 많은 경우 마감을 제때 맞추지 못한다는 점에서. 설계도를 넘기기로 했는데 그게 잘 안 됐다고, 며칠 밤을 새우다시피 해 겨우 완성했더라는 아버지의 말에 나는 "다 똑같네, 다 똑같아"라며 웃었다. 말이 나온 김에 나도 산문집 마감을 열흘가량 미뤘다고 털어놓았다. 좀처럼 갈피가 잡히지 않아 한 주 더 미뤘다는 말은 아직 하지 못했다.

나는 아버지를 보며 내 미래도 짐작해보곤 하는데, 먼 훗날의 나는 아마도 지금과 크게 다르지 않을 것 같다. 여전히 편협하고, 여전히 힘겹게 무언가를 쓰고 있지 않을까. 숱한 기회와 여러 가지 좋은 조건들을 저버리고 소설을 택하지 않을까.

내가 등단한 해의 겨울, 아버지는 손가락을 크게 다쳤다. 핸드그라인더로 작업을 하던 중 회전하는 날이 왼손 검지로 파고들어갔다. 누나가 곧장 구미의 정형외과로 내려가 닷새간 아버지를 돌봤고, 이후에 나와 교대했다. 나는 어머니와 함께 퇴원 날까지 매일 문경과 구미를 오갔다. 틈틈이 상주나 구미 일대의 사찰에도 들러 절도 올렸다. 그때마다 솔직히 아버지의 쾌유가 아니라 코앞으로 다가온 소설 마감을 떠올렸다. 손가락의 경우 천만다행으로 완전히 절단된 건 아니라 접합수술을 받을 수 있었고, 수술 경과도 나쁘지 않았다. 아버지가 원체 회복력이 좋은 편이라 수술 부위도 비교적 빠르게 아물었다. 그에 반해 퇴고 중인 내 소설은 여전히 답보하고 있었다. 노트북을 챙겨 내려가긴 했으나 구미에 다녀오고 나면 진이 빠져 좀처럼 소설을 건드리지 못했다. 저녁부터 주방에 앉아 노트북만 하염없이 바라보다가 자정을 넘겨 잠들기를 거듭했다. 하는 수 없이 편집자에게 연락해 마감을 2주 정도 늦춰야 했다.

퇴원한 아버지를 차에 태워 문경으로 돌아오던 날, 아버지는 내게 서울로 올라가면 두툼한 벙어리장갑을 주문해달라고 부탁했다. 당장 며칠 뒤부터 현장에 나가야 하는데 찬바람이 닿으니 수술한 부위가 아릿하게 아프다는 것이었다. 병원에서도 아버지는 내내 멈춰버린 현장을 걱정했는데, 정말로 퇴원하고 며칠 뒤부터 트럭을 끌고 현장으로 나가기 시작했다. 서울로 돌아온 나는 곧장 아버지 몫의 패딩 장갑을 한 켤레 주문했고, 겨우 다시 소설을 고칠 수 있었다. 그때 쓴 소설이 내 두 번째 발표작인 「누구라도 그러하듯이」이다. 그 소설에 아버지의 사고 이야기가 나오는 건 아니지만 소설을 쓰는 내내 나는 손가락 한 개가 우리 가족을 어떻게 그토록 슬프고 절망스럽게 만들었는지에 대해 생각했고, 그런 의문을 소설에 담아보려고 애썼다. 나중에 내 소설을 읽은 아버지는 내게 전화를 걸어 다른 말은 하지 않았고, 다만 제목을 잘 지은 것 같다고 말했다.
그러니까, 그런 아버지를 내가 닮고 말았다는 것이다.

□

　1월엔 가족들과 대전으로 짧은 여행을 다녀왔다. 역사와 전통의 유성호텔이 폐업한다는 소식을 듣고 온천 여행을 겸해 대전행을 결정했다. 어머니가 온천을 좋아하기도 했고. 대전역 앞에서 부모님과 만나 호텔로 가는 동안 나는 며칠 전까지 갖은 고생을 겪은 끝에 마감한 소설에 대해, 아버지는 봄이 되면 착수 예정인 공사에 대해, 사회복지사로 일하는 누나는 최근에 들은 심폐소생술 교육에 대해 이야기했다. 조수석에 앉은 어머니는 문경에서부터 바리바리 챙겨온 간식을 가족들의 입에 넣어주기 바빴다. 모처럼 만나 여행을 가는 와중에도 각자 자기 할 말만 하는 모습이 참 우리답다고 생각했다.
　호텔 지하의 온천탕 안에서 아버지는 평소처럼 내게 프리랜서의 마음가짐에 대해 조언했다. 말소리가 웅웅 울려 평소보다 좀 더 큰 목소리로. 그러는 한편 목욕탕 바닥에 누워 잠을 자고 있는 한 노인에게서 시선을 떼지 않았다. 미동도 하지 않는 노인이 걱정되는 눈치였는데, 그래서 나는 만약을 대비해 누나가 차 안에서 얘기했던 심폐소생술 절차를 머릿속으로 되뇌었다. 가슴팍 한가운데의 복장뼈가 부서져야만 흉부 압박이 제대로 된다는 설명을 떠올리면서는 왠지 조마조마한 마음이 되기도 했다. 우리가 탕에서 일어날 무렵 노인이 으음, 얕게 신음하며 돌바닥에서 몸을 뒤척였다. 자리를 잡고 앉아 때를 북북 밀며 나는 이런 이야기를 언젠가 소설로 쓸 수도 있겠다는 생각을 했는데, 여전히 그렇게 생각하기만 할 뿐 아직까지 뭔가를 쓰진 못했다.

9
불 꺼진 장례식장에 앉아 소설을 쓴다는 것

지난해 〈문장의 소리〉 팟캐스트 출연을 앞두고 받은 질문지에 '나는 소설을 쓰기 위해 ○○까지 해 봤다'라는 문항이 있었다. 습작기에 철사장(鐵砂掌:중국 소림사에 전해지는 무공 단련법)이라도 좀 해둘걸 그랬나. 하다못해 목봉 체조를 하거나 해변에서 타이어를 끌었더라면 어땠을까. 피나는 수련을 통해 마침내 깨달음을 얻고 소설의 달인으로 거듭났다는 이야기는 상상만으로도 얼마나 흥미로운지.* 아쉽게

---

* 아닌가?

도 나는 그저 무한히 인내하며 소설을 썼을 뿐이다. 당면한 현재와 막막한 미래를 소설과 맞바꾼 채 여러 해를 보냈다. 소설을 쓰기 위해 무언가를 했다기보다는 소설을 쓰느라 무엇도 안 한 쪽이라고 해야 하나(그런 나를 인내해준 사람들에 대한 고마움을 당선 소감에도 적었다). 그런 형편이다 보니 딱히 할 수 있는 말이 없었다. 지어내서라도 대답해야겠다고 마음먹은 찰나에 문득 재작년 2월에 친할머니가 돌아가셨던 일이 떠올랐고, 며칠 뒤 나는 녹음실에 나가서 '불 꺼진 장례식장에서 소설을 썼다'라고 말하고 왔다. 사실 대단한 내용도 아니었다. 문예지 신인상 마감을 일주일 남짓 앞두고 있었는데 아직 써야 할 것들이 많았으므로 장례식장에서도 소설을 썼다는 게 전부였다.

□

할머니는 할아버지가 돌아가시고서 13년을 더 사셨다. 10년 전쯤 귀향한 내 부모님과 함께 지내다가 마지막 몇 년은 요양원에서 보냈다. 그곳에서 코로나19에 감염되어 병원 응급실에 격리됐고, 일주일간 치료 후 퇴원했다가 이튿날 상태가 나빠져 다시 응급실로 옮겨졌다. 워낙 연세가 많으시다 보니 병치레하는 동안 기력이 다했을 터였다.

　　사실 나는 할머니에 대해 말할 수 있는 게 그리 많지 않다. 함께 살았던 적도 없고 자주 찾아뵙지도 않았으니 미처 살가워질 틈이 없었다. 그나마 부모님이 귀향한 덕분에 매달 한 번씩은 문경에 가게 됐고, 차츰 할머니 옆에 앉는 것이 아주 불편하지만은 않게 됐지만, 늦게나마 함께 추억을 쌓고 정답게 대화를 나누기에 그는 이미 너무 노쇠해져 있었다. 나중에는 귀도 잘 안 들리고 마루에 앉아 있는 것조차 어려울 정도로 몸 상태가 나빠지면서 우리의 교감은 내가 문경에 내려와 한 번, 서울로 올라가며 또 한 번, 침대에 누운 할머니의 손을 가만히 쥐는 것이 전부가 되고 말았다. 물론 그것만으로 당신의 막냇손주가 소설이라는 걸 쓰고 있고, 이제야 이 집과 당신이 조금씩 익숙해지고 있다는 사실을 전하기엔 역부족이었다. 내가 그나마 잘할 수 있는 이야기는 결국 소설에 관한 것뿐인데 그걸 할 수 없으니 번번이 건강하시라는 식의 하나 마나 한 말만 했다. 오래 살아 아픈 할머니에게 아프지 마세요, 오래오래 사셔야죠, 말하는 내가 어찌나 한심하던지. 그러나 할머니는 그런 입에 발린

말조차 제대로 알아들을 수 없었다. 물론, 나 역시 손을 잡을 때마다 내게 눈물을 보이는 할머니의 생각과 마음을 온전히 읽어내지는 못했다. 대학 전공이나 직업이 무색하게도 나는 사람의 마음을 단번에 알아채는 편이 아니다. 나는 할머니의 축축하게 젖은 눈가가 슬픔의 의미인지 반가움의 의미인지 매번 헷갈리고 말았다. 다만 할머니를 가만 바라보고 있으면 우리가 얼굴형이 아주 닮았다는 사실만큼은 분명히 알 수 있었다.

꼭 그 때문이라고는 할 수 없겠으나 장례식 동안에도 나는 할머니를 그리워하며 슬퍼하기보다는 탓하고 야속해하는 쪽에 가까웠다. 이른 아침부터 밤까지 호상소에 앉아 문상객을 맞이하고, 조의금을 관리했으며, 틈틈이 친척 어른들의 심부름을 도맡기도 했다. 한밤이 되어 모두 장례식장 곳곳에 흩어져 잠을 자면 그제야 겨우 식탁에 노트북을 펴놓고 앉아 소설을 썼다. 당연한 소리겠지만 장례식장은 소설을 쓰기에 그리 적합한 공간이 아니다. 그곳엔 음악도, 커피도, 글을 쓰기에 적당한 백색소음도 없다. 대신 큰아버지들의 코 고는 소리, 업소용 냉장고 돌아가는 소리, 어머니가 동서들과 도란도란 이야기하는 소리는 넘치도록 들을 수 있었다. 하다못해 장례식만이라도 빨리 끝나기를 기대했으나 코로나19로 인한 여러 행정 절차 때문에 오히려 하루를 더해 4일장을 치르게 됐다. 어른들이 논의 끝에 할머니를 화장하고, 할아버지 산소 옆에 봉분을 만들어 유해를 모시기로 정하면서, 발인 날은 화장터와 장지와 장례식장을 수시로 오가느라 무척 바쁘게 보냈다. 운전도 해야 하고, 서류도 떼야 하고, 집안에 들이닥친 사람들 때문에 놀라 짖는 개도 진정시켜야 했다. 이른 봄기운에 흙이 반쯤 녹아 발이 푹푹 빠지는 장지에서 나는 결국 공모전을 단념하는 수밖에 없었다. 그날 느낀 어떤 깊은 좌절감 같은 걸 언젠가 단편으로 써보려고 시도했으나 그다지 읽을 만한 소설은 못 되었다.

할머니가 돌아가신 지도 벌써 2년이나 지났는데 방에 앉아 이런 글을 쓰고 있자니 내가 너무 인정머리 없고 나쁜 손자인 것 같아 마음이 좀…… 그렇다. 이렇게까지 냉담할 필요는 없을 텐데, 할머니에 대해 좋았거나 애틋하고 그리운 것이 정말로 없었는지 곰곰이 생각하게 된다. 그리고 보면 돌아가시기 몇 년 전부터는 '할머니'와 '죽음'을 자연스럽게 연결 지어 생각해왔다. 예컨대 외국으로 며칠 여행을 다녀

오려고 계획을 짜다 보면 어느새 그동안에 할머니가 돌아가시면 어떡하나 염려하게 됐고, 신춘문예나 문예지 신인상 시즌처럼 무언가에 아주 깊이 몰두해야 할 때가 다가와도 마찬가지였다. 나는 언제나 할머니가 돌아가신다는 사실 자체보다는 그 일로 인해 내가 포기하고 감수해야 하는 유·무형의 자산을 걱정했다. 현재를 위협하는 일종의 변수나 돌발 상황 같은 것. 내가 생각하는 할머니의 미래가 고작해야 그런 것이었다는 사실이 문득 죄송해진다.

□

그렇다면 할머니와 나 사이엔 정말로 아무것도 없나.
아주 옛날부터 할머니는 줄곧 나를 '현옥'이 아닌 '선옥'으로 불렀는데 다른 가족들은 그러지 않았던 걸 보면 경북 사투리 때문은 아닌 듯하다. 그런 걸 할머니 나름의 애칭이라고 말할 수 있을까. 어린 시절 부모님과 함께 문경에 내려가면 할머니는 내게 이것 좀 먹어보라며 누군가로부터 선물 받은 베지밀 두유나 강정, 튀긴 콩 같은 것들을 내주곤 했다. 아니면 이

윗집에서 얻어 온 사과를 깎아주기도 했는데 나는 언제나 그것들을 먹기 꺼렸다. 유통기한을 가늠하기 어려울뿐더러 냉장고에 들어 있지도 않아 미지근하고 들척거렸기 때문이었다. 귀가 잘 안 들리는 할아버지에게 큰 목소리로 학교에서 겪은 일을 설명하고 있노라면 할머니는 슬그머니 방을 나서곤 했다. 잠시 뒤에 마당으로 나가보면 구석에 쪼그려 앉아 담배를 피우는 할머니를 볼 수 있었다. 내 기억 속의 할머니는 그런 식으로 전형적인 할머니 상에서 어딘가 조금씩 어긋나 있는 사람이었다. 그러니까, 언젠가 사촌 누나가 남편감이라고 데려온 사람의 이름을 묻더니 "천방지축마골피……"를 가만 읊었을 정도로.

그럼에도 내겐 오직 할머니를 통해서만 경험하고 알게 된 것들이 있다. 이를테면 문경에서는 깻잎뿐만 아니라 콩잎도 장아찌로 담가 먹는다는 것, 시골 할머니들은 고스톱이 아니라 민화투를 친다는 것, 베지밀엔 담백한 맛(A)과 달콤한 맛(B) 두 가지 버전이 있다는 것, 노인들의 '내가 얼른 죽어야지'라는 말은 그저 관용적인 표현에 불과하다는 것(언젠가 할머니는 그 말을 한 이튿날 병원에 가서 유료 독감 예방주사를 맞고 왔다)…… 그 밖에도 무말랭이를 '골금

짠지'로 부른다는 것이나, '아나(옜다)'나 '마카(전부, 모두)' 같은 낯선 단어의 쓰임에 대해서도 배웠다. 평생 모르더라도 사는 데에 별 지장 없는 사실들을 할머니 덕분에 배울 수 있었다. 믿기 어렵겠지만 그런 잡다하고 잡스러운 기억들은 때때로 소설에 도움이 된다. 적확한 예를 들어 설명할 순 없겠으나 분명 그런 것들이 필요해지는 순간이 있다. 한마디로 내가 소설가가 되어 소설을 쓰며 사는 데엔 할머니의 도움도 어느 정도 있을 거라는 말인데…… 정말 그럴지도 모르는 게 장례를 치른 그다음 달에 낸 공모가 『현대문학』의 신인 추천이었으니까. 당선 통보를 받은 날 어머니는 문경에서 얼갈이배추로 김치를 담그고 있었는데, 출판사에서 전화를 받았다는 소식을 들려주자 그래도 할머니가 가면서 뭐 하나 주시긴 한 것 같다는 말로 축하를 대신했다.

그런가?

이거, 할머니가 주신 건가?

한 달쯤 전 사십구재 때 나름 진실한 마음으로 할머니의 극락왕생을 기도했었는데 그런 내 마음에 응답해주신 걸까. 어쩌면 할머니는 당신의 장례가 자꾸만 늘어지는 것을 통해 내게 '2월은 일진이 별로구나, 선옥아. 3월을 노리거라!' 같은 말을 해주고 싶었던 건지도 모르겠다. 그러나 언어가 배제된 채 정황과 맥락(혹은 그 이상의 영적인 무언가)으로 이뤄지는 소통은 대개 어느 정도 시차를 두고 전해지기 마련이라서 나는 이제야 그것이 할머니의 어떤 의지였겠거니 되새기고 마는 것이다. 감사 인사를 드리기에 너무 늦어버린 감이 없지 않지만, 이곳에나마 남겨봐야겠다. 감사합니다, 할머니. 그런데, 원고 청탁도 어떻게 좀 안 될까요? 일이 너무 없어요······

□

이 글을 쓰고 있는 주(9월 첫 주) 일요일에는 벌초가 예정되어 있다. 얼마 전 아버지가 전화를 걸어와 요번 벌초에는 문경에 내려왔으면 좋겠다고 말했다. 할머니 산소에 가서 인사도 드리고 술도 한 잔 붓고 오자고. 굳이 벌초 때가 아니더라도 아버지는 가끔가다 산소에 올라가 풀을 깎고 내려온다. 비가 한바탕 내리고 나면 망초*가 무섭게 올라온다고 했다. 고작

---

* 북아메리카가 원산인 국화과의 두해살이풀. 잡초로 분류된다.

며칠 사이에 어른 키만큼 자라난 풀을 온종일 깎았다는 말끝에 아버지는 내심 궁금했던 것들을 묻곤 했다. 오늘 소설은 많이 썼는지, 작업실은 덥지 않은지 등등. "그나저나, 산문집이 언제 나온다고 했지?" 아버지는 내가 이미 열 번도 넘게 말해준 걸 또다시 묻는데, 아마도 그건 내가 뭐 하나 확실하게 대답하는 법이 없어서일 것이다. 소설이고 산문이고 글은 언제나 잘 안 써지고, 아무리 생각해도 나는 아버지가 생각하는 것만큼 문재(文才)가 빼어난 사람은 아닌 것 같아서…… 이런 이야기를 할 순 없으니 번번이 곧, 금방, 그럭저럭 같은 모호한 단어만 쓰게 된다. 오는 일요일엔 문경에 내려가서 아버지와 풀을 깎으며 이렇게 말할 생각이다. "아빠, 9월 30일, 박현옥 산문집 『백색소음』 전격 출간."

지금처럼 한참 산문을 쓰다 보면 얼른 소설을 써야겠다는 생각으로 간절해진다. 소설이 아닌 글을 쓰는 동안에 왠지 내가 소설로부터 너무 멀리 떠나온 것 같고, 해야 할 일을 하나도 하지 않은 것처럼 느껴지기도 한다. 송충이는 솔잎을 먹고 소설가는 소설을 써야 하는데 말이지…… 괜한 조바심에 산문을 허겁지겁 마무리 짓고서 쓰다 만 소설 파일을 열면 비로

소 겨우 안도하게 되지만 그것도 잠시뿐이다. 언젠가 잘 아는 편집자에게 이런 고민을 털어놓았더니 "작가님은 소설을 쓰기 위해 산문을 쓰시는 게 아닐까요?"라는 대답이 돌아왔다. 그 말을 듣고서야 그간 느낀 여러 복잡다단한 감정들이 나름대로 정리되는 것 같았다. 무엇보다도 지금 내가 쓰고 있는 이 글들이 어떤 식으로든 소설에도 도움이 될 거라는 강한 믿음이 생겨 좋았다. 무엇이 됐든 간에 글을 쓰는 건 언제나 힘든 만큼 즐겁고, 그런 까닭에 나는 내가 더 오래 힘들었으면 좋겠다고 바라기도 하는데…… 이런 이야기를 할머니에게 할 수 있었더라면 참 좋았을 것 같다. 귀가 안 들려 내가 무슨 말을 하는지는 모르셨겠지만, 그저 가만히 나를 바라봐주셨을 것이다.

Outro

산문의 어려움

산문을 쓰며 새삼 깨닫게 된 사실이 있다면, 내가 나에 대해 얘기하는 걸 썩 즐기지 않는다는 것이다. 내 얘기를 해야 하는데 어느새 내 주변 사람들에 대해, 내가 보고 들은 것에 대해서만 써버린 것 같다. 실은 그것들조차 다 내 얘기라고 말하기엔 너무 궁색한 변명처럼 들리진 않을까 걱정도 된다. 이번만큼은 정말로 솔직한 글을 쓰고 싶었는데, 이번에도 마음먹은 것만큼 솔직해지지 못했다. 그렇다고 거짓을 적지는 않았다. 다만, 거짓의 반대가 항상 진실인 것만은 아니니까. 그렇다면 나는 거짓도 진실도 아닌 글을 쓰고 만 것인가…… 독자들이 이 책을 약간 진지한 스탠드 업 코미디 정도로 생각하고 읽었으면 좋겠다. 그러니까, 내가 하는 얘기이나 모두 내 얘기인 것만은 아닌 정도로.

　　마감을 얼마간 앞두고 한때 같이 소설을 읽고 공부했던 동료들을 만났다. 광화문 D타워에 입점한 멕시코 요릿집에서 식사를 하고, 십여 분쯤 걸어 경희궁 인근의 카페에서 커피를 마셨다. 산문집을 기대하고 있다는 동료들의 말에 나는 내내 참아온 산문 쓰기의 어려움에 대해 토로했다. 산문 너무 어려워요, 대체 뭘 어떻게 써야 하는지 모르겠어요, 소설이 제일 쉬워…… 내 푸념을 가만히 듣고 있던 동료들은 대수롭지 않다는 듯 그러니까 당신이 소설가인 것 아니겠냐는 반응을 보였다. 아무래도 소설가니까 소설이 가장 편하고 쉽겠죠, 현옥 씨, 그냥 소설 쓰듯 써보는 건 어때요? 그날 함께한 동료 중엔 전업 에세이스트도 한 사람 있었는데, 그는 나와 반대로 이제 소설은 도저히 못 쓰겠다고 혀를 내둘렀다. 글 쓰는 건 원래 힘들다, 나도 그렇다, 마치 그런 말을 해주려는 듯했다. 가까운 사람들의 그런 다정하고 현실적인 조력들이 어질러진 마음을 다잡는 데 많은 도움이 됐다.

 대체 산문은 왜 어려운가? 이 의문을 '내 얘기를 꺼내는 건 왜 어려운가?'로 바꿔도 무방할 듯하다. 대학 신입생 때, 과에 '딥톡(Deep-talk)'이란 문화가 있었다. 별건 아니고, 둘 내지 셋이 함께 술집에 가서 가정사나 연애사처럼 깊고 내밀한 이야기를 나누는 이벤트였다. 즐겁고 좋은 이야기는 딥하지 않을 테니 필경 실패와 실연의 서사를 공유하는 자리였을 것이다. 당시의 내 눈엔 점심 식사 약속을 잡듯 딥톡 약속을 잡았던 동기들이 무척 신기하게만 보였다. 안 지 얼마 되지도 않은 친구들과 대체 왜 속을 터놓아야 하는지, 의아한 마음도 들었다. 남들의 사연이 궁금하긴 했으나 내 얘기를 하는 건 언제나 망설여졌고, 그래서 나는 끝내 딥톡 약속을 잡지 않았다. 대신 과 행사나 대여섯 명이 모이는 가벼운 술자리에는 빠지지 않고 나갔다. 그때나 지금이나 술자리에서 나는 목소리가 꽤 큰 편이다. 실없는 농담을 많이 하고, 누군가를 잘 놀리고, 많이 웃는다. 그러는 쪽이 한결 마음 편하다.

 언젠가 상담심리학 수업에서 '자기 개방(Self-disclosure)'이라는 기법에 대해 배웠다. 그 내용을 거칠게 요약하자면 이렇다. 자기 개방이란 말 그대로 자신의 생각, 감정, 경험 등의 정보를 상대에게 전달하는 것으로, 내담자-상담자 관계에서 상호 간에 적절한 수준으로 이뤄지는 자기 개방은 라포를 형성하는 데에 유의미하게 작용한다. 그리고 좋은 상담자는 자기 개방을 효과적으로 사용함으로써 내담자의 자기 개방을 더욱 활발하게 이끌어낸다. 반대로 상담자의 섣부르거나 지나친 자기 개방은 외려 내담자의 개방을 억제한다고. 그날 이후 내게 자기 개방은 일종의 숙제처럼 느껴졌다. 나에 대해 말하지 않으면 누구와도 영영 유의미해질 수 없다는 말처럼 들려 무서웠다.

그로부터 몇 년이 지나 졸업반 무렵에 수강한 집단 상담 과목에선 8주간의 집단 상담에 참여해야만 했는데, 오랜 고민 끝에 마지막 회차 즈음에 무언가를 말해보았다. 오래도록 나를 슬프고 힘겹게 만드는 그것에 대해. 그날 나는 남들 앞에서 무척 많이 울었고, 지금도 그때를 생각하면 여전히 좀 후회가 된다. 나라는 사람이나 내가 한 말을 아직까지 기억하는 사람은 없을 텐데도 괜히 그렇다. 술에 취해 P에게 온갖 치부를 드러냈을 때에도 이 정도는 아니었는데.

음, 그러니까, 내가 원래 좀 그런 사람이라는 말을 하고 싶었다.

소설가로 산 지 2년을 갓 넘겼고, 첫 소설을 쓴 지는 벌써 10년이 되어간다. 내가 이 무대에 성공적으로 안착했다는 느낌은 조금도 들지 않는다. 매일 소설을 쓰면서도 머릿속으론 생존이나 확률 같은 단어를 떠올리게 된다. 요즘 내가 가장 행복을 느낄 땐 소설이 마음먹은 대로 잘 써질 때고, 소설이 안 써지면 무척 힘들긴 하지만 그렇다고 불행함을 느끼진 않는다. 어쨌든 나는 소설이 좋다. 소설이 좋은 이유는 여러 가지가 있지만, 요즘은 쓰는 나와 내가 쓴 글이 어느 정도 분리된다는 점이 특히 마음에 든다. 그러나 이건 쓰는 입장에서나 할 수 있는 얘기고, 정작 누군가의 소설을 읽을 땐 텍스트 자체보다 그걸 쓴 사람에 대해 많이 생각하는 편이다. 이 소설은 이 사람이 겪은 이야기일까? 이 사람은 아직도 이 이야기에 대해 고민하고 있을까? 왠지 그런 게 괜히 더 궁금해진다. 역시, 나는 좀 이기적인 사람인 게 아닐까. 주지는 않으면서 받기만을 원하고, 이미 받았으면서 더 많은 것을 원하고…… 맞네, 나란 인간, 순 이기적이

네. 그런 나를 조금이나마 바꿔보고자 하는 마음으로 산문 작업에 임했다. 그동안 내게 아주 많은 이야기를 들려준 사람들에게 이 책을 바친다.

산문을 한 편 한 편 쓰며 이전과 조금이나마 달라진 나를 발견할 수 있었는데, 몇 가지 꼽아보자면 마술에 대한 관심이 다시 생겼고, 아파트 게시판도 더 꼼꼼히 읽게 됐다. 오늘 아침엔 책장에서 금강경도 꺼내 조금 읽었다(마침내!). 어렸을 때와 비교해 내가 좋아하는 마술의 스타일이 꽤 많이 달라져 신기했는데, 이제는 무대용 마술보다는 대화가 잘 버무려진 테이블 마술에 흥미가 생긴다. 잔잔하고 편안한 대화 속 문득문득 드러나는 경이 같은 것. 가만 생각해보니 소설의 구조와 하등 다를 바 없다. 아…… 결국 나도 모든 데서 소설을 찾는 그런 사람이 되고 말았나. 한 편의 소설에 세상 모든 이치가 담겨 있다는, 그런 선문답 같은 말을 하는 사람이 되어버렸나.

오직 소설만 쓰겠다고, 소설이 아닌 글은 한 글자도 쓰지 않겠다고 선언하던 시절이 있었다. 소설이 너무 좋고, 평생 소설을 쓰고 싶다고. 소설에 대한 애정을 주체하지 못해 겁도 없이 그런 말을 하고 다녔다. 그러나 소설을 향한 마음은 소설로 표현할 수가 없다는 사실을 나중에야 알았다. 내가 사랑하는 소설 이야기를 아낌없이 늘어놓을 수 있도록 기회를 주신 소소사의 김지영 대표님께 거듭 감사드린다.

백색소음
— 새문학 시리즈 3

2024년 9월 30일 1판 1쇄 펴냄

글 박현욱

편집 김지영
표지디자인 조혜경

펴낸곳 소소사
펴낸이 김지영

출판등록 2022년 6월 21일 제2022-000031호
홈페이지 www.sososabooks.com
전자우편 info@sososabooks.com
인스타그램 @sososa.books

ⓒ 박현욱, 2024, Printed in Seoul, Korea
ISBN 979-11-979382-8-3 04810
ISBN 979-11-979382-5-2 (Set)

이 책의 판권은 소소사에 있습니다.
서면 동의 없는 무단 전재 및 복제를 금합니다.